自由とは何か

「自己責任論」から「理由なき殺人」まで

佐伯啓思

JN275633

講談社現代新書

1749

目次

第1章　ディレンマに陥る「自由」　11

1　「自由」は現代でも問題なのだろうか　12
「自由」に対する切実感がなくなった／「自由論」の興盛と一般の無関心／贅沢な時代／自由のパラドックス／人間の本質は「自由」なのか

2　イラク人質事件と奇妙な「自己責任論」　22
場違いな自己責任論議／国民の安全に対し責任を持つのは近代国家として当然／「自由な個人」を支える「権力を持った国家」／調和できない近代国家と市民社会／共同体に対する個人の責任／人間は必ずどこかの国に属しているという当たり前のこと

3　経済構造改革と過剰な「自己責任論」　36
市場競争と自己責任はセットか／「個人の自由」から見た都合のよい国家

4　アメリカのイラク攻撃が示した「自由」のディレンマ　40
アメリカの信じる歴史観／アメリカの自由＝「個人の自由」／強制される自由という矛盾／自由の二つの顔／引き裂かれた自由の観念

第2章　「なぜ人を殺してはならないのか」という問い　55

1　神戸の殺人事件で説明責任が転換した　56
生命尊重主義に対する疑問／「道徳」に対する「自由」の優位／法と自由の関係／ホッブズの考えた「近代的自由」／国家に先立つ自由な個人

2　功利主義でもカントでもうまくいかない　68
法を守るほうが得という考え方／功利主義の罠／カントが考える自由／キリスト教という権威あってのカントの議論／自由の意味が衰弱した時代／いま自由を語ることの難しさ

3　バーリンの「自由論」の意味　81

「支配」をめぐる二つの問題／積極的自由／消極的自由／より重要なのは消極的自由

4 「……からの自由」は何を意味しているのか 90

近代的自由の基本は消極的自由／消極的自由を積極的に弁護する／消極的自由の積極的実現という矛盾／「神々の争い」に「自由」を巻き込まない／多元性と相対主義の大きな違い

第3章 ケンブリッジ・サークルと現代の「自由」 101

1 ケインズとムーアとロレンス 102

ロレンスの嫌悪／十九世紀の道徳原理を否定したムーア／「善」と「正」／友愛と美の鑑賞こそが「善の状態」／善は直覚によってのみ把握される

2 ムーアの倫理学と相対主義 112

直覚主義を支えたエリートの自己満足／善にまつわる愚かな社交ゲーム／直覚主義から相対主義へ

3 ウィトゲンシュタインとケンブリッジ 120
世界とは言葉で明晰に書けるもの／「語り得るもの」と「語り得ないもの」／「沈黙せざるを得ない」ものこそ重要／ムーアとウィトゲンシュタインの決定的な違い／価値判断とは語るものではなく実践するもの

4 現代の「自由」と情緒主義 129
「事実」と「価値」の峻別からはじまったもの／リベラリズムの根底に流れる情緒主義と実証主義／「自由な個人」の誕生／論理主義、実証主義批判と「言語ゲーム」

第4章 援助交際と現代リベラリズム 143

1 リベラリズムはなぜ援助交際を認めるのか 144
「何をやっても個人の自由」／リベラリストと「常識」のギャップ／「個人の自由な選択」は本当にあり得るのか

2 現代のリベラリズムとは何か ―― 151
自由を考えるときの三つの柱／価値に対する正義の優位／中立的な国家／自発的交換の論理

3 なぜリベラリズムは力を持たないのか ―― 160
リベラリズムと近代自由観念の違い／「価値」とは何か／価値の相対主義の帰結

4 古代ギリシャ人にとっての「自由」 ―― 167
「善き生活」の実現／個人の「徳」とポリスの結び付き／「私の領域」には自由は存在しない／自由とはポリスに属すること

5 『アンティゴネ』の意味するもの ―― 180
「義」という「善」を超えた選択／価値の問題の根底にある「義」

第5章　リベラリズムの語られない前提　185

1　市場競争をめぐる四つの立場　186
一九九〇年代アメリカで出てきた議論／四つのリベラリズムの相違

2　偶然性を排除して出てくる「個人」　194
能力だけで個人の報酬が決まる／能力も排除した「透明な自己」／偶然性の落差を調整する／「確かな個人」が持つ「権利」

3　「値する」ということ　205
その人の成功に「値する」とは／福祉主義者は主体と属性を区別する／「値する」ものを決めるのは社会の価値観／四つのリベラリズムが考える社会的価値観／それぞれの「善についての構想」／社会の価値観はあくまで集団による選択で決まる／中立的国家という幻想／「負荷なき自己」もある特定の社会の産物

第6章　「自由」と「義」　223

1　「自由」というニヒリズム　224
自由への倦怠／現代社会における価値の転倒／「人それぞれ」というニヒリズムの世界／具体的な社会から超越した自由な個人像／現代社会で「共同の善」を見出すことは可能か

2　「犠牲の状況」と「死者への責任」　239
「犠牲の状況」をリベラリストはどう論じるか／社会の成立には犠牲者が必然／「悔恨の共同体」と個々の責務／自らの偶然を引き受ける／死こそ自由の根本条件／自分の宿命を自覚する

3　「自由」の背後にある「義」というもの　256
生よりも大切なもの／地位と承認を求める闘争／自尊への欲望と自己犠牲の精神／状況で具体化する「義」の姿／多様な「義」を承認する

おわりに――「自由のパラドックス」を乗り越えるために 269
欲望自由主義の時代／自由が自由を蝕む／「個人の選択の自由」の背後にある「何か」／共同社会の価値と超越的な「義」／「自由」を多層的に論じる視点

あとがき 284

第1章　ディレンマに陥る「自由」

1　「自由」は現代でも問題なのだろうか

「自由」に対する切実感がなくなった

今日では誰もが「自由」は最も大切な価値だと考えている。このことにあえて異をはさむ者はいないだろう。だが、同時にまた、今日、自由という言葉はもはや人々の心を揺さぶるような響きを持っていない。人々は自由に飽きているようにさえ見える。

どうしてこうなったのだろうか。果たして、今日、われわれにとって、「自由」とは何を意味しているのだろうか。誰もが、口では「自由の実現」こそが現代の課題だという。だが、現代社会において、「自由の実現」が課題だというときに、本当のところ何が問題になっているのだろうか。

少し前に二十人ほどの少人数の学生の講義で聞いてみたことがある。「君たちにとって自由は重要なものだと思うか」。当然、全員が「自由は大事なものだ」という。「では、現在、君たちは何かに不自由な思いをしており、自由が享受できていないと思うか」。すると、ほとんどが「別に問題はない」という。そこで続けて聞いてみる。「では、現在、日本の問題は、個人の自由が侵害されている点にあるのか、それとも、自由を縛るはずの道徳規範や拘束がゆるんでしまっている点にあるのか、そのどちらが問題なのだろうか」。

これに対しては、おおよそ三分の二が「道徳、規範が崩壊していることのほうが問題だ」と答えるのである。

もちろん、これは、自由とは何かなどという厳密な議論を踏まえたものではないし、各学生の単なる印象に過ぎない。たまたま私の講義に出席した学生がそうした関心の傾向を持っていただけかもしれない。しかしそれでも、自由が侵害されている、自由が享受できていないという切迫した感じは、今日の日本の若者たちにはほとんどないといってもよいだろう。

こんなことなど、わざわざ若者に聞いてみなくとも、彼らを見ていればわかるではないか、と読者はおっしゃるかもしれない。確かに、今日の、とりわけ日本の若者ほど、自由気ままに二十四時間をフル活用で楽しんでいる者はいないであろう。ケータイやクルマやゲームセンターやファミレスなどという小道具や舞台にも事欠かない。

しかし、「自由」はいつも脅かされ、自分が本当にやりたいことができず、何かによって縛られていると感じるのが、古今東西、若者の特権ではなかったろうか。ここで「特権」というのは、本当は彼らほど社会的に恵まれた立場にあって、実際上、彼らほど自由な存在はないということである。特に、大学生であることは人生最良のモラトリアムである。

しかし、にもかかわらず、あるいは、だからこそ、若者ほど、自由を徹底的に謳歌《おうか》したがる者もいなかったし、観念的であれ、自由はいつも侵害されているという憤りを持っていたものであった。社会的なしがらみや生計の不安がないからこそ、自由や社会正義のために現状を批判するのが若者の特権であった。

もしも、実感として「自由」が侵害されていないとなれば、かつてなら、「われわれは資本主義的な管理システムによって飼いならされている」などという理屈をひねり出したものであった。「見かけ上の自由がたっぷり与えられていることこそが実は不自由なのだ」などという一見気の利いたことをいう者もいたはずである。ともかくも、若者にとっては、われわれが生きているこの社会は、人間の自由を抑圧する不合理なものでなければならないのであった。

ところが、今日の学生たちは、そのような感覚も理屈も感じないように見える。ついでに、「仮に何かをしたいために、いま、自由が欲しいとすれば、その『何か』とは何なのだろうか」とたずねてみた。ひと通り聞いてはみたのだが、ほとんど答えらしいものは返ってこないのである。これはいったいどうしたことであろうか。

「自由論」の興盛と一般の無関心

確かに、「自由」が大事なものであることにひとまずは誰もが同意するであろう。しかし、「自由」が現代社会で本当に問題なのかどうかというと、よくわからない。

ということは、「自由」が、もしも、本来、人間にとって第一級の課題だとすると、われわれは今日、その第一級の課題についてもはや強い関心を持てなくなっている、ということになろう。今日の思想の衰退、世の中に対する切迫した関心の衰退、もっといえば全般的な生の衰弱といった事態は、このことと決して無関係ではないようにも思われる。

それにもかかわらず、依然として自由は、少なくとも社会科学の最も重要なテーマとなっている。社会思想史、哲学、政治学、経済学を含めて、人間は自由であるべきであるし、本来、自由な存在だと説いている。自由の実現は、今日の社会科学においては至上命題とみなされている。

特に、政治哲学や社会学を中心とした「自由論」は、一九八〇年代末このかた最もホットなテーマであり、「自由の基礎づけ」や「自由の正当化」「リベラリズムの理論構成」といった議論が精力的に展開されてきた。また、経済学でも、「新自由主義」を中心に、経済活動の自由を実現することこそが、今日の最大の経済上の課題だと主張されている。

こうして、一見したところ奇妙な情景が展開されているというほかない。専門家たちによる「自由」をめぐるこの上ない活発で精緻《せいち》な論議と、一般的な「自由」に対する関心の衰弱の間には大きな乖離《かいり》が生じつつあるのだ。先の学生にしてもそうなのだが、一般的には、「自由」への要求は、今日のたとえば日本において決して切実なものではなくなっている。にもかかわらず、専門家たちは、多くの場合、アメリカのリベラリズムをめぐる論争を下敷きにしながら、「自由」についてのきわめて精緻な議論を展開しようとしている。

贅沢な時代

何か、この落差が私には気になるのである。

そして、考えてみれば、この両者は、ある意味では、同じことの二様のあらわれといってもいえなくもない。

もしも、われわれが言論を統制され、生活も規制され、政治的にも抑圧された社会に生きておれば、誰も、何年にもわたって「自由についての理論」などを構想したり議論したりしようとはしないだろう。「自由の内容は何か」、「自由はどうして正当化されるのか」、といった小難しい議論を果てしなく続けるなどということは考えにくい。それよりも、いま、ここで「自由」を手に入れるために何らかの活動を起こそうとするのではないだろうか。「自由」とは何かと首をかしげ、論争する以前に、「自由」が何であるかは明らかなはずなのである。

こうした状況にあれば、「自由」の根拠が何であろうと、いま、ここでわれわれが必要としている「自由」が何であるか、は明らかなのである。「自由」とは何かと考えあぐねるよりも前に、「自由」とは何であるかを感じ取っているのである。そしてそのために身を挺《てい》して活動するものである。

しかし、われわれは、もはやそんな幸せな状態にはいない。いや、その逆にわれわれははるかに幸せな時代に生きているというべきかもしれない。少なくとも、もっと贅沢な時代にいることは間違いないだろう。「自由」への要求がさほど切実なものではなくなった時代だからである。「自由」についての論争が延々と続くということ自体、いかに今日の日本では「自由」が切実なものではなくなってしまったかを示している。だからこそ、「自由」を改めてどのように定義し、どのように理解すればよいのかが「理論的な」テーマになってしまうのだ。そんな贅沢な時代と社会にわれわれは生きている。

だから、一般のレベルでの「自由」に対する関心の低下と、他方で、社会科学や哲学系の専門家の間での「自由」に対する関心の高揚は、ある意味では同じことの二様の側面といってもよいのではなかろうか。

このことを私は、別に、「自由」を理論として論じようとする社会科学系の専門家に向けた皮肉としていっているわけではない。現に、私もここで「自由」について思弁的に論じているのだから、専門家ではないものの、私も贅沢な時代の「暇つぶし」をしているようなものかもしれない。そのことは自覚した上での議論である。

自由のパラドックス

こうして、「自由」に対する「専門的」で「理論的」な関心の高まりと、実生活での「自由」に対する関心の低下、という今日の事態は、われわれの時代の「自由」の位置を象徴しているともいえよう。本当に「自由」を必要としているとき、人は、「自由」とは何か、「自由」の正当性の根拠は何か、などという議論などしない。

そしてここに実は、「自由」なるものの、ある決定的な特質がある。それは、本当の意味で、われわれは「自由」について決して語ることなどできないのではないか、ということだ。

「自由」を真に必要とし、真に渇望するとき、われわれはもはや「自由」についてあえて語らないし、その必要も感じない。そのときに、われわれがとる行動そのものは「自由」と呼び得るようなものではなく、また、その行動を「自由な行動」などと呼ぶ必要もないであろう。

少々、抽象的に結論を急ぎすぎた。性急に議論をある方向へ向けるのはよそう。ただ、

「自由」という観念にはある種のパラドックスがどうしても付きまとうということを、ひとつの予断として持っていただきたい。

そのパラドックスとは、「自由」についての議論は、「自由」について正面から論じれば論じるほど、「自由」そのものからは遠ざかってしまうだろうということ、そして、真に「自由」を求める者は、それを決して「自由」の名では呼びはしないということ、このことである。

これらの論点が何を意味しているのか。それはまだ不明のままでよい。ただ、本書では、この点をめぐってあれこれ思索してみるつもりである。もちろん、本書もまた一種の「自由論」なのだから、本書もこのパラドックスの中に置かれていることは先にも述べた通りである。このパラドックスのせいで、本書はいささか奇妙な自由論を展開することとなろう。そして本書を書くこと自体が「自由」から離れてしまうことも自戒しておかねばならないだろう。

人間の本質は「自由」なのか

「自由」の観念がいかに特権的な意味を与えられてきたかは、次のことを考えてみても明らかであろう。

近代社会は、すべての人の「生命、財産、自由」を確保する運動から始まったとされる。しかし、生命が危険にさらされるとき、誰も「生命」とは何か、などという議論はしない。そしてまた、「生命」の安全がひとたび確保されてしまえば、また「生命とは何か」などと問わない。「財産」についても同じである。「財産」が手にできないときには、「財産」を獲得するために奔走するだけである。「財産」が確保されてしまえば、もはや誰も、特に「財産の理論的基礎」などに関心を持たない。

しかし、「自由」の場合だけは少し違っている。「自由」が一応、保障されたにもかかわらず、専門家たちは、改めて自由の定義づけや意味づけに関して頭を悩ませているのである。

どうしてなのだろうか。

イギリスの哲学者アイザイア・バーリンが紹介していることだが、かつてロシアの急進主義的思想家のアレクサンドル・ゲルツェンは次のように問いかけた。

飛び魚が存在するにもかかわらず、誰も魚の本質は飛ぶことにあるとはいわない。ほとんどの魚は水の中を泳ぐだけで飛ばないからである。ところが、人間の場合にはどうか。人間の長い歴史の中で自由を追求した者はごくわずかであり、ほとんどの人間は、それなりに食べてゆけさえすれば特に自由を求めたわけでもない。にもかかわらず、われわれは人間の本質は自由である、という。これはどうしたことであろうか。

ゲルツェンのこの問いは重要なものである。だがいったいどうしてゲルツェンはこのような奇妙な問いを発したのであろうか。

むろん、このようにいうのはゲルツェンだけではない。自由こそが人間の本質であるとは、カントやルソー、シェリング、ヘーゲルからマルクス、そしてニーチェさえも含めて、近代という時代における西欧の思想家の譲り渡すことのできない思想であった。

二十世紀に入っても、だいぶタイプは異なるが、ハイエクやフリードマン、ロールズやアレント、フーコーやデリダやドゥルーズといった思想家の名前をあげることもできる。こうして少し眺めただけでも、西欧思想史の中枢に「自由」の問題があったことは、強調するまでもないだろう。

しかし、ここで見てみたいのは、こうした思想家たちの壮大で難解な理論とともに、時には理想的に描き出される「自由」の問題ではない。思想家の抽象論の此岸《しがん》には、もっと通俗的に語られる「自由」が氾濫《はんらん》している。

本書は、ある意味では、なぜ、人間はその本質を自由によって特徴づけようとするのか、というゲルツェンの問いに、私なりに答えを与えようとする試みでもある。そのことはおいおい説明してゆきたい。

しかし、この問いについて考えてみる前に、私は、今日、われわれの目の前で展開されている「自由」にかかわる光景をいくつか見ておこうと思う。人間の本質は自由である、人間は自由でなければならない、というゲルツェンの言い方が、われわれをどのような時点にまで連れてきているのかを確かめておきたい。

われわれは、今日、社会的な意味を帯びた何かをなそうとしたとき、ほとんどそれを「自由」に結び付けて論じなければ、気がすまないようにさえ見える。そして、その中で、「自由」の意味は混乱し衰弱している。私がここで問題にしてみたいのは、「自由」をめぐるこうした状況なのである。

2 イラク人質事件と奇妙な「自己責任論」

場違いな自己責任論議

まず、比較的最近の出来事で次のことを思い出していただきたい。アメリカのイラク戦争の中で生じた日本の民間人の人質事件である。ボランティア活動家二人とフォト・ジャーナリストの合計三名の日本人がイラクの反米グループに人質にされた事件である。二〇〇四年四月の出来事であった。

ここで関心を向けたいのは、この事件そのものではなく、それをめぐってなされた「自己責任」をめぐる論議である。この「自己責任」をめぐる論争は、外国のジャーナリズムによっても、いったい何を論じているのか、とからかわれたりもしたものだが、確かに、今日の日本の精神状況・言論状況を象徴するものであった。

もともとこれは、アメリカのイラク攻撃を支持し、日本政府の自衛隊派遣を支持するいわゆる保守系の新聞やジャーナリストによる、人質民間人に対する批判から出たものであった。

『読売新聞』や『産経新聞』は何度かにわたって社説において「人質問題と自己責任論」を掲載したし、また政府や外務省も、人質には「自己責任」があると述べた。『読売新聞』は四月十九日付社説を「肝心なのは自己責任の原則」と題し、『産経新聞』は、四月二十五日の社説「主張」で「自由だからこそ問われる自己責任」と題して「被害者らは……国の指示でなく、個人の自由意思でイラクに入ったのである。その最終責任は当然、個人が負うべきだろう。それが自己責任の原則だ」と述べている。

要約すれば、自己責任を追及する側の論理は次のようなものである。

「あいつらは勝手に行ったのだ。自分の自由意思で、ああいう危険な所、政府が退避勧告を出している所に出かけていった。それで捕まったのだから、それは自業自得で自己責任を取らなければならない」

これは一見もっともに聞こえる。とりわけボランティアの民間人がどこまで周到な準備と覚悟をして行ったのかとなると、どう見てもいささか軽率であり、非難を受けても当然であったといえる。

けれども、ちょっと考えてみると、この場合の自己責任とはいったい何を意味しているのか、決して明確ではない。実際、この場合の自己責任とはいったい何なのであろうか。人質は拘束されているので、「責任」の取りようもない。自衛隊を撤退させて命だけは助けてくれという家族に対する批判であろうが、家族に向けて「自己責任」というのも適切とは思われない。

せいぜいのところが「殺されても自業自得じゃないか」という程度の感情論であれば、わざわざ「自己責任」というほどのことでもないであろう。

結局ここにあるのは、次のような感情以外の何ものでもなかったと思われる。テロリストとは交渉せず、という政府の主張を貫くことによって仮に人質が殺害された場合、それは「彼らの自己責任」であるのだから、政府（および政府の強硬姿勢を主張するもの）には責任はない、ということだ。いわば、自己免責のための予防線を張っているのである。

私は、個人的には、人質たちにあまり同情的にはなれない。先にも述べたが、政府の退避勧告の出ている危険地帯にどうしても民間人が出かけるなら、それなりの覚悟と準備が必要だし、万が一の場合の対処などを家族とも了解しあってゆくべきで、彼らの行動はあまりに杜撰《ずさん》で軽率であった。ここに日本のボランティアの持つある種の偏向、すなわち理想主義的でしばしば左翼的で反政府的な心情の持つ問題を指摘してみたい気もする。しかし、それでも、ここで「自己責任」論を持ち出すのは、いささか場違いなのである。

国民の安全に対し責任を持つのは近代国家として当然

それを明確にするために次のような場合を考えてみよう。同時に、あまりに具体的なケースに引きずられても困るので、少し議論を抽象化してみよう。

仮に、ある青年Aが、ボランティアとしてイラクへ入国し、反米テロ組織に拘束されたとしよう。彼は、常々、「私は日本政府などというものは信用していない。国家は戦争に加担するものであるから、私は国家から自由に生きたい。私は、いわばコスモポリタンとして国境を越えて活動したい。イラクの危険地帯へ入ることは私の自由意思による選択であるから、国家は私の行動にいかなる意味でも関与しないでほしい」と述べていたとしよう。この場合には、この青年自らが自己責任を主張しているわけである。

ではこのときには、「自己責任論」は成り立つのだろうか。この場合の自己責任とは、仮に青年Aが拘束されたとしても、日本政府はいっさい関知しないということである。日本政府は、「本人の意思により、日本政府は今回の事件には関与しない。ご自由に人質を殺害してもらって結構である」という声明でも発表すればよいのだろうか。

むろんそれは不可能なことだ。それこそ日本政府は国際的な嘲笑《ちょうしょう》を受けるであろう。政府は何らかの形でテロリストと接触しようとするだろうし、交渉しようと試みるだろう。それは当然のことであって、本人がいかに反国家であり、日本政府に不信感を持っていようと、個人の心情とは無関係に、国家はいわば国家の論理においてある種の行動をとるのである。仮に、テロリストとは取引をせず、という立場をとるとしても、それは青年Aを無視することとはまったく違っている。

ではこの事態における、国家の論理とはなんだろうか。それは、国家は国民の生命や財産の安全に対して責任を持つ、という論理にほかならない。これはとりわけ近代国家に関しては、国家もしくは政府の成立根拠にかかわってくる事柄である。

だから、いかなる心情の持ち主であれ、人質に関しては、可能な限り安全な救出を目指すことになる。テロリストとの交渉や妥協、それに強硬な救出手段もあり得る。これらはいずれも人質の安全を確保するための方策である。

だが、それでは、「テロリストとは妥協せず」という立場は、国民の生命保護という近代国家の責務の放棄ではないか、という議論が出てきそうだ。一九七五年の日本赤軍によるマレーシア大使館占拠事件、そして七七年のダッカでの日航機ハイジャック事件では、日本政府はテロリストの要求を呑んだのであった。これは生命第一主義を取る政府からすれば当然ではないか、という議論が出てきそうである。

今回の政府による強硬姿勢は、これら過去の事件における解決法が「テロに妥協する日本」という国際的非難を呼び寄せたという反省に立っている。そして今回は強硬姿勢を援護するために「自己責任論」が展開された。

しかし、問題はそれほど単純ではない。政府は、本来は国民の生命・財産に対して責任を負っているからである。それゆえ、政府の強硬姿勢を支持する論理は、「さもなくば国際的非難を浴びる」というようなことではなく、「テロリストとの妥協が連鎖的に同様のテロを生み、それが結果的にいっそう国民の生命や財産を危険に陥れると想定されるから」というものでなければならない。こうした予測が成り立つならば、長期的な安全性の観点からすれば、人質の生命の犠牲もやむをえない、ということになるからである。

いずれにせよ、ここでは「自己責任」という概念はさしたる意味を持たない。これらは国民の生命の安全確保の方策にかかわる事柄であり、重要なことは、いくらイラク入国が本人の自由意思に基づいた選択であろうと、国家は介入せざるを得ない、ということだ。人質が殺されれば「自己責任でやむを得ない」などということにはならないのである。

「自由な個人」を支える「権力を持った国家」

ここで明らかになったことはどういうことであろうか。

そもそも個人が自由な意思によってボランティアとして危険地帯に行くこと自体が、果たして本当に自由を意味しているのであろうか。本人が自由意思で行ったと主張すれば、あとは自己責任として放置しておけばよいのか。

むろんそうではないのである。

言い換えると、個人の自由という観念を支えるものは自己責任ではないということだ。普通、「個人が何をしようと、それは個人の自由な選択に任される。ただその結果に対しては個人が責任を持つべきである」といわれる。これが「自由の根拠は自己責任だ」といわれるものである。

しかし、この人質事件が明らかにしていることは、自由の根拠として、そもそも常に自己責任などという観念が成り立つのか、ということであり、自己責任よりもっと根本的な問題があるということであった。

この場合には、ボランティア活動という文字通りの個人の自発的な選択、個人の自由が唱えられているが、その個人の自由な行動そのものが政府、国家によって支えられているということになる。

そもそも自由な選択が成り立つためには、自由な主体（個人）がいなければならない。その自由な主体の生命や財産を保障するものが近代国家なのである。われわれは、近代の国民国家というものを、そのようなものとして構成したのであった。だからこそまた、近代国家は、正当な理由なしに個人の生命や財産を意のままに扱うことは許されないのである。

国家があってはじめて自由な個人という主体があり得るという、考えてみれば当然の事実に、人質事件は改めてわれわれの眼を向けることになった。しかし多くの場合、このことは事態の背後に隠されている。普通、われわれは「自由な個人」から出発する。「自由な個人」から出発すれば、国家はそれに対する制約としてしか理解されないだろう。こうして、「権力を行使する国家」に対抗する「自由な個人」という図式が出てくる。

確かにこの図式が妥当する局面もしばしば存在する。しかしより根底にあるものは、「自由な個人」を支える「権力を持った国家」なのである。この後者をとりわけ注意しておきたいのは、「権力」vs.「自由」や、「国家」vs.「個人」という図式はあまりにわかりやすいのに対して、「権力」や「国家」が「自由」や「個人」を支えているという側面はなかなか見えにくいからだ。

われわれの意識はどうしても自明に思われる「個人」から出発する。そうすると、そもそも「個人の自由」が実際にはいかなる条件のもとで成立しているのか、という自らの足元に目をやることが難しくなってしまう。

調和できない近代国家と市民社会

しかし、その上で、さらにこういうことは可能ではないだろうか。それはここに、近代社会の持つ、容易には調和できない二つの面が示されているということである。

近代国家は、人々の生命や財産を守るために造られた、と一応考えておこう。ホッブズやロック、ルソーらの社会契約の考えがその典型である。そしてそれが標準的な近代国家についての理解であろう。私自身は、この契約論的な国家観にはどうも賛同できないので、この標準的な国家観についても異論があるが、それはいまここで論じるべきことではない。ひとまず、近代国家は、人々の生命や財産を守るために、人々の理性的な合意によって造られた、と考えておこう。

そうすると、確かに、「権力を持った国家」が先なのか、それとも「自由な個人」が先なのか、実はよくわからなくなるのである。個人の生命や財産、自由を保障するものは国家である。しかし、その国家を生み出したのは、自由な個人の合意であった。事態はどこまでも循環してしまう。

ここで、「法」を持ち出してもさして事態は変わらない。確かに、「法」によって個人の生命、財産、自由は守られているではないか、ということは可能である。しかし、近代国家では「法」も実定的に民主的なプロセスを経て立法されるし、そもそも「法」に実効的な強制力を持たせるには、国家の権力がなければならないからである。

そこで、たとえばホッブズに端を発するような契約論では、「自然状態における自由」と「社会状態（市民状態）における自由」を区別することになる。「自然状態」においては、人間は無制約に自由である。しかし、社会状態では、人間は権力に服する限りで自由な活動ができる。

原則的にいえば、国家は個人の生命や財産の保護にしか関心を持たないのだから、国家が個人を拘束できる領域ももっぱら個人の生命、財産の保護にかかわるだろう。とすれば、他人の生命や財産を奪ったり破壊したり、そして社会の秩序を脅かさない限り、個人の自由な活動は保障されていることになる。

そうすると、ひとたび市民社会ができてしまうと、人々が関心を持つのは、もっぱら私の生活であり私の利益ということになろう。社会の秩序や安全を国家（主権者）に委ねてしまうと、人々は、「私」という「自由な個人」から出発することになるだろう。こうしてもともとひとつにつながれていたはずの「国家の論理」と「個人の論理」が乖離する。時には両者は対立してくるのである。

要するに、近代社会は、一方で、ひとつの集合体としての国民からなる国家に主権者としての正当性を与えた。しかし、他方で、「自由な個人」なるものにも自然法的な正当性を与えた。本来、契約論的な近代国家や市民社会の論理は、この両者を結合しようとするものであったのだが、それにもかかわらずこの両者は、完全に調和できるものではないのである。

この矛盾は、たとえば次のようなことを考えてみればすぐにわかるだろう。

近代の市民社会がひとたびできてしまうと、人々は、その中でもっぱら私の利益や関心に従って活動する。「私」にしか関心を持たないのである。主権者（国家権力）が、もっぱら「公」を独占して、市民社会の秩序（法的なものも含めて）を支えることになっているのだから、市民社会は平和的なルールに従っておればよい。人々は、その中で私的利益や享楽を追求しておればよい。こういうことになる。

共同体に対する個人の責任

しかしそうだとすれば、いったい誰が、どのような利益に従って、国家の活動にかかわろうとするのだろうか。

ホッブズが描いたような契約論的な構造のもとでは、市民社会の中からは、国家の「公的事項」にかかわろうとする者が出てこないのである。その結果、主権者としての国家は、それ自体が弱体化するか、もしくは一部の権力者や一部のグループに事実上乗っとられてしまうだろう。これはいずれにしても望ましいことではない。

そこで、「国家の論理」と「個人の論理」をつなぐ何かもうひとつのしっかりとした蝶《ちょう》番《つがい》が必要となる。つまり、「個人」が「私」の利益や関心のみに精力を集中するものではなく、「公」のために何かをしなければならない、というエートス（ある社会集団に長い間培われた道徳的慣習）がどうしても必要となる。「個人」は、この限りで、「私」だけではなく、どうしても「国家」を引き受けなければならないのである。

むろん、この「国家を引き受ける」ということは、ただ国家の指令に服せよ、異議申したては許されない、などということではない。政府についての批判や、国家のあり方についての批判も「国家を引き受ける」ことである。

しかし、情緒的な反国家的心情に基づいて国家権力は無条件に悪であると述べたり、脱国家化してコスモポリタンを気取ったり、あるいは徹底した利己主義者となることはもはやできない。それは、「してはならない」という当為であるより前に、事実問題として「できない」。「純粋にエゴイストであることは、一般に考えられているほどやさしいことではなく、また純粋なエゴイストが勝利を博したことは一度もないのである」（『大衆の反逆』神吉敬三訳、ちくま学芸文庫、一九九五年）とスペインの哲学者ホセ・オルテガ・イ・ガセットは書いているが、その通りであるというほかない。

こうして、個人は確かに自由に選択できる。しかしそれは、同時に、その自由な選択を保障している国家（あるいは「共同社会」といっておこう）へのそれなりの義務を伴っている。個人は、自己に対して責任を負うだけではなく、共同社会に対しても責任を負っていることになる。

だが、自由論の文脈で、この「共同体に対する責任」はどこから出てくるのだろうか。それは現代の自由を論じる盲点になっているのだ。ここにひとつの重要な問題がある。そして本書の主題のひとつもそこにある。

人間は必ずどこかの国に属しているという当たり前のこと

二〇〇四年四月の人質問題では、新聞の系列でいうと、『読売新聞』や『産経新聞』と

いうい わゆる保守系の新聞が自己責任論を展開した。これらの新聞はまた、アメリカのイラク攻撃を支持し、日本がイラクに自衛隊を派遣することを強力に支持した。

イラクへの自衛隊派遣賛成の立場からすると、自衛隊のイラクでの活動の補完なり連携なりとしてのボランティアならともかく、そもそもが反国家的な信条を持ち、自衛隊の派遣に反対している者が、どうしてこの国家の活動の邪魔をするのかといいたいのであろう。反国家的信条を持った者が、個人の立場で、国家という枠を超えてイラクに入って活動をしようとするのは、あまりに身勝手だということであろう。

確かにボランティアの人たちに、近代社会の「国家の論理」と「個人の論理」をつなぐだけの簡単な想像力があれば、このような反国家的、反権力的心情を持ったボランティアなどという妙なものは出てこなかったであろう。個人の自由が、その前提として、どこかで国家を引き受けなければ成り立たないことを了解していただろう。

いかにコスモポリタンを自称しようと、反国家的な信条を持とうと、人間は現実にはどこかの国に属しており、国籍を持っている。ある国の市民、もしくは国民であるほかない。そしてその現実についてわれわれはもっと自覚的でなければならないことに気づくであろう。

その自覚が多少ともあれば、誰もが、政府の政策を批判し、また、国家の活動や構成について批判するとしても、自分の信条は反国家的であるとか、コスモポリタンであるとか、あるいは、徹底した自己中心主義者である、などと宣言することは本質的に不可能なのである。これは道徳的であるかどうかということではなく、そもそも不可能なことである。

3　経済構造改革と過剰な「自己責任論」

市場競争と自己責任はセットか

自由の観念と自己責任論についてもう少し述べておこう。

実は、「自由を支えるものとしての自己責任」という議論が出てきたのは、この人質問題をきっかけにしてではない。その底流として一九九〇年代の経済構造改革があったことを忘れるわけにはいかない。

経済構造改革は、もともと日米貿易摩擦をきっかけとしてアメリカが日本に突きつけてきた要求であった。日本経済は強い政府の規制や行政指導のもとに置かれている。これを自由な市場競争へ転換するのが経済構造改革であった。

ここではまず、経済的自由は市場競争と等置されている。市場競争は、個人に対して、自己利益の自由な追求と、事業を自由に始める機会を提供する場である。だから、規制緩和の要求が自由を実現するための最大の焦点となったのであった。

この場合に改革論者は次の論理で「自己責任」を持ち出した。事業をやるのは自由だ。自分で会社を起こしたり、ベンチャービジネスを試みることは自由だ。官僚の規制は取り除こう。しかし、では失敗した場合にはどうするのか。その場合には自己責任を取ってもらおう、というのである。自己責任とは、要するに、失敗しても政府はもはや彼を救済する義務を負わないということである。

自己責任論は、人質事件の以前に、このような文脈で唱えられていた。市場競争という世界における自由な主体の根拠は自己責任なのであった。個人の自由を保障することは、その選択の結果に対しては自己責任を取るということであった。

しかし、ここでも本当に、自己責任というものは成り立ち得るのだろうか。よく考えてみれば、ここでもまた自己責任という観念はそれほど自明ではない。

新規事業を次々と試みて失敗したとして、政府がそれにまったく救済の手を差し伸べないとなると、よほど資金に余裕のある者でなければ新しい事業は起こせないであろう。また、市場競争は、どうしても勝者と敗者を生み出す。倒産企業や失業者という「敗者」が多量に発生しても、政府がそれに関与しなければ、結果として市場経済はきわめて不安定になるだろう。

ここでも問題は自己責任ですむものではないのである。国民の生命や財産に対して政府が責任を負っているということは、失業率が二パーセントや三パーセントならともかくとして、数パーセントを超える規模にふくれあがった場合には、それ自体が社会問題になってしまう。

現代の市場社会においては、政府は、人々の最低限の生活保障に対する責任を負っているのである。しかも、もしその責任を放棄すれば、市場そのものが崩壊しかねない。こうなると、本来の経済活動の自由も何もなくなってしまうだろう。

だから、ここでも、個人の自由は無条件で許容されているわけではなく、政府による経済システムの保護を前提としていることになる。セイフティネットであれ、福祉であれ、政府による何らかの介入があってはじめて経済活動の自由さえも可能となっているのである。

「個人の自由」から見た都合のよい国家

ところが、この「個人の自由」と「政府による秩序保持」の間の相互的な関係のループが見失われると、あたかも「個人の自由」が無条件に与えられているかのような錯覚が生じる。近代的自由の考え方は、あくまで個人の活動の自由、あるいは個人の自由な選択を自然の権利と見なして、そこから出発する。

ではこの場合、市場秩序を維持する政府は、というと、それは、あたかも古典ギリシャ劇の中で苦境の場面で都合よく出てくる「機械仕掛けの神」のように、必要なときに都合よく舞台へ出てくるのである。

しかも、この「個人の自由」という近代的自由の観念から出発すると、経済構造改革の議論の中でそう考えられたように、市場競争こそが原則的に正しいという了解ができあがる。「個人の自由」に場を提供するのは市場なので、市場競争は原則的に正しいのだ。

その結果、どうして市場競争が正しいかということについての説明責任は必要なくなってしまう。逆にいえば、国家が経済に介入する場合には、説明責任が発生することになる。どうして介入しなければならないのかという正当な理由を見出さなければならないのである。正当化のための責任は政府の活動にあって、市場競争のほうは説明責任を持たない。

いま、私は、そのことが正しいとも間違っているとも言おうとしているのではない。ただ、ここには、近代社会の自由の観念がもたらしたある種のバイアスがあり、そのバイアスの中で、市場競争の優位や自明性が唱えられているということを知っていただきたいと思う。

経済には、本来、市場と政府の役割の適切な均衡状態のようなものがある。そして、それはその国の歴史や社会構造や時代状況の中で決まってくる。市場の自由競争が正当であって、国家の介入は本来望ましくないとする考え自体が、近代的な「個人の自由」という観念に随伴して生み出されてきたものなのである。そのことはぜひとも知っておかねばならない。さもなければ、本当に自由競争的な市場を生み出してしまえば、経済的秩序はたちどころに不安定化し、場合によれば崩壊の危機に瀕するだろうからである。

ここにも自由をめぐるひとつのパラドックスがある。あるいはディレンマといってもよい。「個人の自由」という近代的観念から出発した場合のアポリア（解決しがたい哲学的難問）といってもよいだろう。これが現代の自由というものをめぐるひとつの問題となっているのである。

4　アメリカのイラク攻撃が示した「自由」のディレンマ

アメリカの信じる歴史観

さて次にこういう問題がある。これもイラク問題にかかわることだが、そもそもアメリカがなぜイラクを攻撃したのかという問題だ。

開戦に際してアメリカは、イラクが大量破壊兵器を保有していること、国連決議を履行しないこと、テロ組織のアルカイダと関係していることなど、いくつかの理由をあげた。

さらにアメリカは、イラクの人民をサダム・フセインの圧制から解放し、イラクを自由化・民主化すると述べた。アメリカはイラクを解放し民主化する使命を帯びているとしたのである。結局のところ、大量破壊兵器の保有やアルカイダとのつながりなどは検証されず、最終的には、イラクの解放と民主化こそが唯一の理由として残ったのである。

アメリカのイラク攻撃に異を唱えたフランスやドイツ、ロシアなども、独裁者フセインを打倒し、イラクに自由と民主主義を実現するというアメリカの口実には、内心はともかく、表立っては異を唱えることはできなかった。戦争の大義として、自由と民主主義の実現が掲げられたのである。

しかし、そもそもなぜアメリカにそのような使命を主張する権利があるのだろうか。仮に、イラク国民の大多数がフセイン政権の圧制によって苦難を受けているとしても、なぜアメリカだけがフセイン政権を倒す権利を持つのか。これはやはり説明を要することであろう。

ここではイラク戦争そのものを論じることが目的ではない。アメリカのイラク攻撃の「真の意図」は何かといったことは論じるつもりがない。ただ、ここでも、「自由」と「民主主義」という言葉が決定的な役割を果たし、少し大げさにいえば歴史を動かしてきたことを想起しておきたい。

アメリカにはいったいどうして自由や民主主義のために軍事力を行使する権利があるのだろうか。何がアメリカにこの種の使命感を与えているのだろうか。

この使命感の背後にはひとつの歴史観があった。その歴史観とは、人類史を圧制からの人間解放と捉えようというものにほかならない。解放史観といってもよいし、進歩史観といってもよいが、歴史を自由と平等の実現の壮大な舞台と見るのである。

自由や平等の実現とは、言い換えれば、さまざまな抑圧、圧制、専制からの人間の解放であろう。人間は、自然という脅威から自らを解放し、貧困という経済的な脅威から自らを自由にし、さらに政治的な抑圧から自らを解放してきた。とりわけ、政治的抑圧と戦い、自由と平等を実現するところに世界史の意味があった。

封建的抑圧や専制政治から近代人は解放され、自由や民主主義の制度を打ち立てた。いわゆる市民革命である。さらに、マルクスによると、人間は物質的束縛から解放され、さらにはブルジョアによる支配から解放されることになる。それが社会主義革命であった。

そしてその社会主義が生み出した全体的支配という新たな抑圧からも自由と民主主義は勝利した。一九九〇年の東欧革命である。さらにいえば、第二次大戦は、ファシズムに対する自由と民主主義の戦いであり、ここでも自由と民主主義は勝利した。

これが、アメリカを動かしている歴史観である。そして、この歴史観のひとつの現代的エピソードとして、テロという新たな脅威との戦い、それを支援する「ならず者国家」との戦いという新たな一幕が付け加えられたのであった。

アメリカの自由＝「個人の自由」

ところで、この思想の中にはいくつか大きな論点が含まれている。第一に、歴史とは圧制に対する人間解放であり、自由と平等の拡大である、つまり歴史とは、自由・平等を求める戦いとして特徴づけられるということ。第二に、この自由や平等を理念として打ち立て、それを率先して実現してきたのはあくまで西欧であるということ。第三に、したがって、西欧の価値観を強力に引き継いだ国こそが、自由や平等の理念を世界化する使命を持つということ。この三つだ。

いうまでもなく、この場合の西欧的理念を世界化する使命を帯びた国はアメリカ以外にはあり得ない。こうして、アメリカは、自由や民主主義という崇高な理念を普遍化するために、その抑圧者と戦わねばならず、そのためには他を圧倒した強力な軍事力を持つ必要がある、ということになる。

いささか独善的というほかなかろう。にもかかわらず、ひとたび自由や民主主義の崇高さと普遍性を認めてしまえば、このアメリカの論理に抗することもまた難しい。

アメリカの軍事的強硬さを非難することは簡単である。しかし、もしも独裁政権や専制政治が継続するとなれば、それを軍事力で排除しなければ、自由や民主主義は実現しない。とすれば、ひとたび、西欧の生み出した自由や民主主義の理念の正当性を無条件に認めてしまえば、それを実現するための軍事力の行使を批判する強力な理由もなくなってしまう。これでは、アメリカのイラク自由化、民主化のための戦いという正当化に抗するのは難しいのである。

だがどうして、アメリカの考える自由は普遍的なのであろうか。

それは、アメリカのいう自由があくまで「個人の自由」だからだ。ここでは個人が自由の主体でありその単位だとみなされている。個人が自己の意思でその行動を決定できる。これは普遍的であるに違いない。なぜなら、個人という単位こそは、民族や国家といった多様な社会集団とは違って、意思決定を行う究極的で普遍的な単位だからだ。だから個人が自分の意思に従ってものごとを決めるという「自由」に対して反対する者などあり得ないだろうからだ。個人という主体の自立的決定、自立的選択として自由を定義すれば、それは当然、普遍的ということになろう。

もともとこの種の自由は、フランス革命の中で生み出された人権宣言によって定式化されたものであった。実際には、フランス革命は、フランス国民としての第三身分の政治的権利を正当化するために人権宣言を生み出したのだが、それにもかかわらず、人権宣言は、「人および市民の基本的権利」を定めたものだとされたのである。

こうして、誰もが、人間であることによって自由である権利を持つとみなされることになった。つまり、人間は、生まれ落ちて、ただ人間であるというただそれだけの根拠で自由であるべきだ、そう考えられたということである。

権利というものは、本来は、エドマンド・バークやジョセフ・ド・メストルが述べたように、それぞれの国民であることによって、それぞれの国で保護され、また定義づけられるものである。にもかかわらず、人権宣言は、国籍を問わず、ただ人間であることによって、普遍的に自由の権利を手にするとしたわけである。だから、イラク人であろうとサウジアラビア人であろうと中国人であろうとマレーシア人であろうと、等しく自由や平等は実現されるべきなのである。

強制される自由という矛盾

このように述べれば、人権思想の普遍性にも、個人の自由の普遍性にも特に問題とすべきところはなさそうに見える。しごく当然のことのように見える。だが重要なことは、ここに二重構造ができてしまったということだ。

自由や平等は、あらゆる民族や人種を超えて人類の普遍的権利である、とされている。しかし、それを宣言したのはあくまで近代革命を実現したフランス市民階級なのである。ここに、人類に対するフランス市民の優位を自ら宣言したわけである。フランス市民階級こそが、人類の向かうべき崇高な理念を先取りしたのであった。

フランス人は、これがフランス市民という第三身分の政治的レトリックだということに事実上は気づいていた。ところがアメリカはこのレトリックをまともに受け取ることにした。ここにはそもそも国内に階級を持たない（奴隷制は別物である）アメリカの特質があった。フランスに代わって、アメリカこそが西欧近代の崇高な理念の守護者であり先導者であると自らを定義したのであった。

アメリカがただ自国を西欧近代によって定義している分には特に問題はないのだが、そのものさしを非西欧世界にまで持ち込んだとき、ここに文明の進歩という考えが出てくる。西欧的価値を実現した国は文明のより高度化した国であり、西欧的価値を掲げない非西欧世界は、文明の程度が低い国だということになる。そして、そこから当然のように次の結論が導かれる。文明の高度な国は、まだ十分に文明化していない国に対して、積極的に文明化を促進することができる。いや、積極的にそうするべき使命を持っている。

この場合の文明化の軸にあるものは、いうまでもなく、自由や民主主義、法治主義、議会政治、市場経済、基本的人権などの理念だ。こうして、アメリカは、この考えに基づいて、かつて第二次大戦後には日本を「文明化」し、そして今回はイラクを「文明化」しようとした。

しかし、「自由」という本書の関心に引き付けていえば、ここで、われわれはどうしても奇妙な感じにとらわれてしまうのではなかろうか。ここにはディレンマがある。「自由を植えつける」ということそのものが矛盾をはらんでいるからである。

自由を、強制されずに自らの意思で何事かをなす状態と理解しておけば、アメリカによって強制された自由とはいったい何であろうか。

おそらく、アメリカ人が考えている自由とイラク人が考えている自由とは異なっているであろう。イラクの多くの人は、アメリカ軍によってイラク人民が解放されることが自由の実現とは必ずしも考えないであろう。まして、占領統治やアメリカ軍の駐留による治安維持は、決して自由の実現とはみなさないであろう。イラク人自身の手でイラクを解放し、イラクに新しい政権を作ることが本来は自由の実現というべきであったろう。

イラク人にとってのイラクの自由は、アメリカ人が考えるような西欧近代的な個人の普遍的自由ではなくて、まずはイラク人がイラク人の国を持つということである。ここには、イラク人が自ら政府を組織し、イラクの文化や自立した経済を作り出すこと、またそれを支えるアラブ・イスラム的な価値を認めることも含まれよう。

とすれば、この種の自由は、アメリカがもたらすイラクの解放とは決して同調できるものではないであろう。西欧が生み出した個人の普遍的権利としての自由に対して、イラクにおいては、何よりまず、独自の国家を持つことによるイラク人の名誉や尊厳といったことのほうが自由にふさわしいであろう。パレスティナともなれば、そうした集団としての承認と尊厳への欲望はいっそう決定的なものとなっている。

自由の二つの顔

ここには、どうやら二つの異なった自由の考え方があるように見える。それをイギリスの政治哲学者のジョン・グレイは、『自由の二つの顔』と題する書物の中で、西欧啓蒙主義が生み出した二つの自由観念と呼んだ。

ひとつは、人類に普遍的なものとしての自由であり、もうひとつは、それぞれの国の社会や文化の相違を相互に尊重しあうという多元的な自由である。

普通、われわれは西欧の近代が生み出した自由の観念は、前者の普遍的なものだとみなしている。確かに、啓蒙主義の核にあるものはそうである。しかしまた、啓蒙主義は、社会や文化の多様性、それらの相互尊重という考え方をも生み出した。

だから、自由といってもひとつの普遍的なものが存在するのではなく、国によってその形態は異なっていて当然なのである。それゆえ、民主主義や平等性にしても、この場合には、何よりまず世界が多様な文化、多様な社会、多様な民族・風習から成り立つことを認めるところから出発する。この多様性の承認こそが、自由や民主主義の意味だという理解が出てくる。

歴史がひとつの普遍的な自由に向かって動いているという観念が一方にある。他方には、社会は多様であり、世界は多様であり、多元的なものから構成されているという文化的多元主義、社会的多元主義がある。そして、この両者ともに、啓蒙主義とかかわりながら十八世紀から十九世紀の西欧で生み出されたものであった。

だがこの二つの考え方は決して調和しているわけではない。そのどちらも自由という問題に深くかかわっているのだが、ここで自由の観念は二つに分岐してしまうのである。そして実は、この問題は、現代のアメリカの「自由」を理解する上でも重要な鍵となっているのだ。

引き裂かれた自由の観念

イラク攻撃において、アメリカは「自由」や「民主主義」の普遍性を強く唱えた。アメリカは「自由」や「民主主義」の守護者であり、伝道者だというわけである。これは、二〇〇一年の九・一一テロを、アメリカに対する攻撃であり、それは同時に「自由」や「民主主義」という文明への挑戦だとする認識の延長上にある。

しかし、アメリカとはすなわち「自由」と「民主主義」の国であるだけでなく、それらの普遍的価値の伝道者を自認するといういささか強引な認識がここへきて強く唱えられるようになるには、ひとつの伏線があった。それは一九八〇年代から九〇年代にかけての多文化主義の興隆といわゆる文化戦争である。

アメリカは、一方でアングロサクソンが造り上げた西欧発の理念の共和国だといわれる。この場合の理念の共和国とは、いうまでもなく、自由や民主主義という普遍的で崇高な理念のもとに人々が結束し、アメリカという国家を造っているということだ。しかしもう一方には、アメリカはさまざまな移民から構成された移民社会であり、結果として、アメリカは多民族社会、多文化社会である、という理解がある。

後者は、もともと黒人やヒスパニック系、アジア系などのマイノリティの権利保護から出発したものだが、八〇年代になると、いわゆる多文化主義として大きな力を持つようになった。そして、この多文化主義は、西欧の歴史や文化を重視する「自由」や「民主主義」の理念重視の捉え方と、さまざまな問題において対立するようになった。これが九〇年代の文化戦争である。

しかし、重要なことに、多文化主義そのものが、実は六〇年代のアメリカのリベラル・デモクラシーの運動の中から出てきたものであった。

六〇年代のアメリカのリベラル・デモクラシーは、公民権や移民法の改正などによってアメリカにおけるマイノリティの権利保護を目指すものであった。そしてこのアメリカ的なリベラル・デモクラシーこそが多文化主義を生み出すことになる。

ところが、多文化主義を徹底すると困ったことになる。多文化主義は、原則的にいえば、西洋文化も黒人文化もヒスパニック文化もアジア系の文化もすべて対等であるとしなければならない。また多民族主義は、すべての民族は集団として対等に尊厳を与えられるべきだという。特定の民族が優越しているという理由はどこにも存在しない。これは明らかに西洋中心主義に対する批判であった。西洋中心主義的な価値基準でアメリカ社会を理解することは間違いだということである。西洋文化もアメリカを構成している文化のひとつにしか過ぎない。

だがそうだとすると、自由や民主主義という価値そのものが西洋中心主義として批判を浴びかねない。せいぜい、それはアメリカ文化の一部にしか過ぎないということになる。自由や民主主義は、もはやアメリカを構成している理念的なアイデンティティーではなくなってしまうのである。自由や民主主義の理念そのものも相対化されてしまうのだ。

これも自由や民主主義の観念をめぐるディレンマといわざるを得ない。西欧の近代が生み出した自由や民主主義が、結局のところ、アメリカにおいて多文化主義に行き着いた。ところが、アメリカの多文化主義が、逆に西洋のリベラル・デモクラシーを批判することになる。ここにも西洋近代が生み出したリベラル・デモクラシーあるいは自由という観念が持つパラドックスを見ることができる。

そして、九・一一テロをきっかけとして噴出した、「自由」と「民主主義」の普遍性、理念としての崇高さという要請は、まさに八〇年代から九〇年代にかけての多文化主義への反動という面を強く持っていたわけである。

こうして、自由の国アメリカにおいてさえ、「自由」の意味は大きく揺れている。「自由」の観念は二つに引き裂かれている。そして、この分裂がイラク戦争にまで反映されていたのである。

底流にあるものは、自由の観念についてのディレンマであった。それはまず、人類に普遍的なものとみなされる。また他方で、それは多様な文化や集団の尊重と自立として定義される。そして、まさに「自由の国」アメリカにおいて、この二つの自由が分裂を起こしてしまった。ディレンマを引きずりながら、アメリカは、前者の立場、つまり「自由の普遍性」を打ち出して戦争に踏み切った。そしてその政策においてほぼ失敗したのであった。

そこから見えてくるものは、「個人の自由」という「普遍的なもの」と、「民族や文化の間の差異」が生み出す「相対的なもの」の間の葛藤である。しかも九・一一テロが露呈したものは、この差異が引き起こす葛藤はきわめて深刻だという事実であった。なぜなら、九・一一テロの背景にイスラム過激主義があるとすれば、これはもはや、多様な文化や文化の相対性というだけでは話はすまないからである。宗教的原理主義としてのイスラム過激主義は、決定的な点で西欧の自由や民主主義と対立するからである。

この両者を、文化的相対主義や多様性の概念で調停することはできない。むろん、個人的な自由の普遍性といっても始まらない。イスラム原理主義は「個人の自由」などよりもはるかに情念を燃え立たせた「原理」を持ち出すからである。ここで、「自由」の普遍主義は、「原理」の主観主義にさえかなわないのである。

では、この両者の対立をどう見ればよいのか。両者の対立の中にある接点を見出すことは可能なのか。ここで両者の対立をくれるような「自由」の理解は果たして可能なのだろうか。われわれはこうした問題に行き着くだろう。これも本書で考えてみたいテーマなのである。

第2章　「なぜ人を殺してはならないのか」という問い

1　神戸の殺人事件で説明責任が転換した

生命尊重主義に対する疑問

ここではまた少し違った問題を考えてみたい。

それは、一九九七年に神戸で起きた「酒鬼薔薇《さかきばら》」と名乗る十四歳の少年による小学生殺害事件だ。もっとも、ここで議論の糸口にしたいのは、事件そのものではなく、事件をきっかけにして提示された問題である。

事件後、あるテレビ番組で大人と少年たちが議論をしている中で、少年のひとりが、ふと「どうして人を殺してはならないのか」と問いかけた。おそらくこの少年もそれほど深く考えて問いを発したわけではなかったろう。ただ「いったい、どうしてこんなことをしたのか」という大人たちの困惑に対して、彼は、「ではそもそも、なぜ人を殺してはだめなのか」と、多少挑発的に開き直ったのであろう。ところが、この問いが、思考の一種のエアポケットにはまり込んでしまった。

波紋が広がったのは、そこにいた大人たちが誰も満足な説明を提示できなかったからである。そのことがその後いくぶん話題となり、いくつかの雑誌が「なぜ人を殺してはならないのか」という特集を組んだりもした。多くの心理学者、社会学者、哲学者などがそれに対して回答を寄せたのだが、なかなか、納得のゆく説明は提示されなかった。

むろん、ここで人を殺してはならないというのは、たとえば戦争とか死刑とかそういう議論ではない。基本的には、われわれの日常の中で起きる「理由なき殺人」である。

もっとも、それも正確な言い方ではなく、あらゆる殺人にまったく理由がないとは言いがたいかもしれない。とすれば、本来、「理由なき殺人」などというものはあり得ないともいえる。ここで述べているのは、戦争や死刑のように、社会的、制度的に許容(正当化)されていない殺人のことである。

ただ、テレビの中での少年のいくぶん偶発的な問いかけが、それなりに波紋を広げたのは、それがどこかで戦後日本の絶対平和主義的な価値観に対してある種の疑念を突きつけかねなかったからではなかろうか。

戦後日本の戦争放棄をうたった平和主義の理念と、日常の中で起こる「殺人はだめ」という話は、もちろん議論のレベルは異なっているが、その無条件の生命尊重主義と人道主義において基本的に共鳴しあう。戦争を「人殺し」とみなしてこれを放棄する以上、殺人も当然認めるわけにはいかず、この両者の禁止(放棄)を支える基盤は生命尊重主義にほかならない。そして「ではなぜ人を殺してはならないのか」という問いは、この生命尊重主義という戦後日本の価値の基底に公然と疑惑の目を向けるものであった。

「道徳」に対する「自由」の優位

それではこの問題をいったいどう考えればいいのだろうか。

決定的に重要なことは、この問いに対して、問いかけられた側が説明責任を感じてしまったということである。おそらく、事件の十数年前までならば、このような問いは問いとしてほとんど通用せず、それに対して誰もまともに対応しようともしなかっただろう。ということは何を意味しているのだろうか。この問いは、問いとしての正当性をその十数年の間に獲得してしまったのである。

問いとは、常に問いとして普遍的に意味を持つわけではない。ある種の問いかけが、問いとして成立するためには、その問いかけを真剣に問いとして受け止めるものが必要だからである。しかも、それはそれなりの社会的な意味を持った受け止め方でなければならない。そして、明らかに、この十数年の間に、日本では、この問いは問いとして成立してしまったのであった。

問いが問いとして成立した瞬間に、説明責任は問われた側にまわってくる。問いを認めたとたん、認めた側は、それに対して答えなければならなくなる。

この問いを問いとして認めるということは、次のような論理を認めるということを意味していた。

その論理は、原則として人間は自分のやりたいことをやっても構わないという命題から出発する。これは自明の公理であって、そのことについての説明は不要なのである。したがって、問題は、その自由が制限された場合に、いかなる理由で制限されるかであり、そのことこそが説明を要するのである。

人を殺したいという欲望がふつふつと生じた。あるいは、いま、大変に腹をすかしているが金がない。そこで食べ物を奪うために人を殺そうとする。このとき、生きるための不可欠の欲望を満たすことは自分の自由である。そのことこそが根底にある。自然といえば自然なのである。

では、それが制限され禁止されるとすれば、その理由は何なのか。

ここでは、欲望を満たすという「自由」が、「道徳」もしくは「禁止」より優位に立っている。「どうして人を殺してはならないか」という問いの意味するところは、「道徳」に対する「自由」の優位がもはや説明を要しない、ということなのである。

法と自由の関係

人は「自分がやられて困ることを人にやってはならない」という相互性の基準を持ち出

すかもしれない。だがこの説明は、この場合にはほとんど意味をなさない。それでは、自分が殺されても構わないと思っている者は人を殺しても構わないではないか、という理屈が成り立ってしまうからだ。

また人は「法律がそれを禁じているから」というかもしれない。しかしむろんこれはあまり説得力を持たない。人は、罰則さえ覚悟すれば法律を破ることもできるからだ。二〇〇一年六月、大阪府池田市の小学校に乱入して児童八名を殺害した宅間守は、自分を死刑にしてほしかったからだと犯行の理由を述べている。

宅間の言い分が正当な理由になり得ないことはいうまでもない。しかし、これが「正当な理由」になり得ないということを説明するのは、それほど容易なことではないのである。

要するに、「殺人が法律によって禁じられているからよくない」という議論は、説得力を持たないのである。「私は、法によって罰則を受けることを覚悟の上だからいかなる悪もなし得る」という言明はあまりに身勝手で、その行動の何らの正当化にもなり得ないと誰もが感じるだろう。にもかかわらず「法で禁じられている」という言明は、実際に効果があるかどうかというより以前に、ある行為を禁じる十分な根拠にはなり得ない。

だがどうして「法」による禁止は、ある行為を不当なものとする上で十分な理由とならならないのだろうか。

端的にいえば、「近代的な自由」は、何かを禁ずるより前に、欲望の充足といった「自由」のほうをまずは無条件に認めてしまっているからである。

もしも「近代的な自由」を無条件に出発点においてしまうと、どうしても「ではどうして人を殺してはならないのか」という問いが出てきてしまうのである。

むろん、実際には無条件に自由など認めるわけにはいかない。そこでそれを禁じようとするなら、それは「法」によるほかない。「法」だけが「自由」を制限することができる、と近代社会ではみなされる。では「法」の根拠は何か。

典型的な説明は次のようになるだろう。

原則的にいえば人は自分の欲望を自由に実現できる。人を殺すこともできる。それを制限される理由は、さしあたりは存在しない。

しかし、そのことは、自分もたえず生命の危険にさらされることを意味し、多くの者は自己の生命の危険に耐えられない。そこで、彼らはひとつの約束を行う。その約束とは、人を殺す権利をいっさい放棄して、その権利を国家に委ねる。国家は殺人の禁止を「法」として客観化しそれを有効にするための権力（警察権力、裁判権、死刑執行など）を独占的に保有する。

ここで、国家といわれる主権者は、すべての人の生命や財産の安全を確保する義務を負う。国家によって制定されたこの「法」に従うことで、人々はようやく生命の安全を確保されることとなる。

言うまでもなく、これは十七世紀のイギリスの哲学者トマス・ホッブズが組み立てた論理である。近代国家の最もわかりやすい、しかも核心を突いた論理といってよいだろう。しかし、それだけではない。ここでホッブズは、近代的な「自由」の観念を最も単純なやり方で提示している。そして、「自由」と「国家」に関するこの二つの事項を組み合わせていえば、ホッブズは、近代的な「自由」と近代的な「国家」の間にある、ある種のディレンマを最初に認識した思想家となったといってもよいだろう。

ホッブズの考えた「近代的自由」

このディレンマについてはまた後に述べることとして、さしあたりここで注目していただきたいのは、ホッブズが提示した「近代的自由」という観念の内容だ。

ホッブズは「自由」について次のようにいっている。「自由とは運動の外的障害の欠如である」と。この定義は、人間や他の生命体についても、また非生命体についてもあてはまるとホッブズはいうのだが、人間の場合、この定義が意味するのは、人が何かをなそうとするとき、そのことに対する障害の欠如であり、それが「自由」なのである。

だから「自由な人とは、彼が意思を持ってしようとすることを妨げられない人である」とされる。たとえば、人が自由に話すということは何を意味するかといえば、彼が自らの意思であることを話すのであって、それとは異なることを「法律によっては義務付けられない」ことだという。こうして「自由」と「法」は対立する。「自由」とは「法」によって規制されないことなのだ。

これは端的な定義である。人間は、自らの意思に従ってなすところを妨げられないことこそが「自由」だという。この「自由」はさしあたり無条件なものであり、「自然」のものである。「自然」のものという意味は、それがどのような歴史的経緯をたどった社会で成立したかという個別の事情には左右されない、ということだ。人間は人間として生まれることによって、いかなる文化集団に属していようと、本来はこの意味で「自由」なのである。

当然、この自然のままの自由の行使は、相互に命取りになりかねない。この自由には、自分が生きてゆくためには他人を殺すことも含まれてしまうのだから。そこで、先に述べたように、人は相互に契約を行って「国家」を造り、他者を傷つける自由を放棄した。だがそれを放棄することで新たな自由を獲得する。それが「市民的自由」と呼ばれるもので、これは主権者が黙認した事項に限定された自由なのである。つまり、ここでは自由は主権者によって与えられ、規定されている。主権者が法を制定して社会の秩序を守るとき、市民的自由は、法によって規制され制限を受けることになる、言い換えれば、法によって看過されたことだけが改めて「自由」と定義されるわけだ。

この「自由」は「近代的な自由」としばしばいわれる。それは、あくまで市民の「私的な自由」にほかならない。彼は、「自由」というものを、王や貴族のような支配者が意のままに権力を行使する「主権者の自由」ではなく、あくまで個人の「私的なもの」とみなした。ここにホッブズが近代社会の最初の思想家と呼ばれるゆえんがある。

国家に先立つ自由な個人

ではどうして、彼は、自由を「私的な個人」のものとみなし得たのだろうか。支配者が権力を行使する「主権者の自由」から、個人の「私的な自由」への転換をもたらしたものは何だったのだろうか。

それは本来、自由とは、自然状態において定義されるとしたからである。自然においてまず人は自由と見なされた。つまり自然状態においては、人は自らのやりたいことを妨げられないのである。人間の自然の状態における自由、つまり人間の本性に基づく自由という観念がこうしてできる。ここにその中から「近代的自由」の源泉が生み出されたのであった。「市民としての自由」は、むろんさまざまな制約を伴うが、人はたえず「自然における自由」へ戻ろうとする。そして、自然状態では人は他人を殺すこともできるのである。

「障害からの自由」、「拘束からの自由」という近代の自由の観念は、二十世紀後半における最大の自由主義の擁護者であるフリードリヒ・A・ハイエクなどにも着実に受け継がれており、『自由の条件』（一九五九年）の冒頭で、彼は「一部の人が、他の一部の人によって強制されることができるだけ少ない状態、それが自由の状態である」と述べている。他人からの強制がないこと、言い換えれば、自分のやりたいことを他人からの障害なくできること、これが自由の意味だとされているのである。

この「束縛からの自由」こそが、近代的な自由の第一義の意味であり、しかもそれは西欧の近代社会の誕生とともに出現したという理解は、さすがに今日ではかなり相対化されてきているが、それでもまだ政治思想史の典型的な理解となっている。少なくとも、少し以前まではそうだった。

たとえば、一九七〇年代はじめ、私が学生だったころに、たいていの政治・思想系の学生が読んだ政治思想の解説書に福田歓一の『近代の政治思想』（岩波新書、一九七〇年）という本がある。そこではおおよそ次のような議論が展開されていた。

自由の問題は、西欧社会では、まずは、絶対王政への身分的抵抗（とくにカルバン派プロテスタントのそれ）として出てきた。しかし、それはあくまで身分の改善を求めるもので、本当の意味で積極的に自由を求めるという自覚を伴ったものではなかった。

しかし、もう少し時代が下ると、人間を自立した存在だとする見方が出てくる。人間は本来、自然から自立しているだけではなく、社会からも自立しているというのだ。すると自由は、ただ圧制に対する抵抗というだけではなく、それ自体が人間に本来そなわった積極的な価値だということになる。

こうして、社会や国家というものに個人は埋もれているのではなく、むしろ、社会や国家に先立って自由な個人が存在するという認識が出てくる。ここから社会は契約によってできているという近代的な発想が出現し、それはホッブズからルソーにいたる流れの中で作り出された。

おおよそこのような議論が展開されている。七〇年代に政治思想に関心を持った者は基本的にこの種の考え方に長い間支配されてきた。いや、いまでも、依然としてこれはオーソドックスな近代社会論の標準とみなされているといってもよいだろう。現在でもこのような歴史的ヴィジョンを相対化することは必ずしも容易ではないのである。

私自身はこの種の歴史的ヴィジョンをとらない。その点については、拙著『人間は進歩してきたのか』（PHP新書、二〇〇三年）と『20世紀とは何だったのか』（PHP新書、二〇〇四年）などを参照していただければ幸いだが、ともかくもここでいいたいのは次のことだ。標準的な政治思想史では、近代の意義を、社会や国家に先立って「自由な個人」なるものが「発見」される点に求めたということなのである。ここにこそ、ギリシャやローマとは違った近代的な自由の誕生が記されているというわけである。

個人は、社会や国家に先立って自立している。彼は自分で自分のやりたいことを知り、理性的に判断をすることができる。また自分の身体や財産を自分で守り意のままに使うことができる。これが自立した近代の個人というものだ。そして自立した個人を先験的に想定してしまうと、法や道徳という社会的な拘束は個人の自由に対する束縛としか見えなくなる。こうして、特別な説明を要求されるのは、個人の行動を縛る法や道徳の側だとみなされることになる。自由のほうは無条件に認められており、説明責任を負うのは法や道徳の側なのである。

2　功利主義でもカントでもうまくいかない

法を守るほうが得という考え方

確かに自由といえども無制限なものではあり得ないだろう。だとすればそれを縛るものにはそれなりの正当化が要請される。そこで、たとえば「法」を正当化するためには、人々の契約(約束)を持ち出すほかないだろう。「法」とは社会生活を円滑にし、秩序を維持するための人々の自発的な約束である、という理解だ。

だが、そうはいっても、誰も毎年約束を取りかわしたり、その内容を検討しているわけではない。彼は法を守ることが時には自由の制限になることを知っている。それにもかかわらず、多くの人々が、一般的に法を守るとすればそれはなぜか。

考えられる理由は次のようなものであろう。

法を守ることによって、円滑な社会生活が可能となるし、他人との大きなトラブルも回避できるだろう。すなわち、法を守ることが概して自分の利益になるだろう。これが法に従う理由である。

そこで「なぜ人を殺してはならないのか」という問いに対して答えればそれは次のようになろう。「別に悪いという絶対的な理由はない。しかし、そんなことをして法に引っかかり人生を棒に振るのは損だ」というわけである。行動を決定する基準は「道徳」ではなく「利益」なのである。

要するに、人々のやっていることに合わせておけば、社会生活の中でそれなりの利益が見込まれるということだ。これは十八世紀のイギリスの哲学者デイヴィッド・ヒュームによって与えられ、十九世紀のいわゆる功利主義へと受け継がれた考えにほかならない。

しかし、この説明は「なぜ法を守らなければならないのか」という問いへの十全な答えにはなっていない。この種の功利主義が与えるのは、せいぜい、多くの人は、自己の利益を目的として行動しているのであり、そうである限り、多くの人は法を守っているだろう、という程度のことに過ぎない。しかもそれは、法を守ったほうが得だからだ、というだけのことだ。

これでは、法を破ったほうが少なくとも当座は得だという者も現れるかもしれないし、さらに、自分は必ずしも損得で行動するわけではない、という者もいる。法が約束に基づいているとすれば、この約束が自分にとって不利となるならば、約束を反故《ほご》にすることもできるからである。

だがこのとき、彼に対して「約束を破ってはならない」という十分な理由は存在するのだろうか。原理的にいえば存在しないのである。人は常に、自然状態において本来持っていた自由へ立ち返ることもできるからである。法（ルール）を契約と功利主義で説明する限り、自然状態へ戻って自由にやりたいことを実行したほうがよいという者が現れたとしても誰も彼を押しとどめることはできないだろう。

功利主義の罠

しかも、功利主義にはもっとやっかいな問題がついてまわる。功利主義の基本テーゼは、よく知られているように「最大多数の最大幸福」として定式化される。だから、契約を行って国家や法を作り、社会秩序の安定を保つことが重要なのも、そのことが最大多数の最大幸福につながるからにほかならない。

だとすれば、ここに皆に忌み嫌われ、人々に多大な被害を与えながら生活している者がいるとしよう。功利主義からすれば、この人間を抹殺することは望ましいという結論さえ導かれかねないであろう。そのほうが最大多数の最大幸福になるからである。

実際、ドストエフスキーの『罪と罰』の主人公ラスコーリニコフは、まさにその種の問いに取り付かれたのであった。皆から蛆虫《うじむし》のように嫌われている高利貸しの老婆など殺してもよいではないか。

この問いにとらわれると、ラスコーリニコフではないが、論理的な脱出口を探すことは容易ではない。これは、功利主義の罠とでもいうべきものだ。あるいは、功利主義の誘惑といってもよいかもしれない。

ラスコーリニコフのケースはまだしもささやかだが、この種の功利主義の論理がもっと大規模にしかも公然と唱えられたのが社会主義革命などの人民革命であった。革命においては、人民大衆という大多数の幸福を実現するために、少数の特権者は犠牲にされてしかるべきだし、革命の混乱もこの最大多数の最大幸福の実現のためには容認されるべきだという論理である。

さらに、この論理は、もっと最近ではたとえばアメリカによるイラク攻撃に際しても使われた。

確かにイラク攻撃はイラクの民間人を意図せず殺害するし、かなりの被害を与えるだろう。だが、それでも、その被害も、テロを放置して今後長期にわたってアメリカやヨーロッパ諸国が被る被害に比べれば、はるかに小さなものであろう。こういう論理である。ここでも、最大多数の最大幸福を守るためには、イラクでの被害はやむを得ない、という理屈が立てられている。

こうして、ラスコーリニコフの問いは決してドストエフスキーが思いついた妄想なのではなかった。功利主義の罠は今日でも現実なのである。そしてこの罠が待ち受けている限り、「なぜ人を殺してはならないのか」という問いから逃れることは難しい。神戸の十四歳の少年に同調するふりをした少年の思いつきのような問いを仮に一蹴することができたとしても、ラスコーリニコフの同じ問いは、容易には一蹴できないだろう。

だがラスコーリニコフは、別に社会に向けて公然とこの問いを投げかけたわけではない。彼は屋根裏部屋で一人煩悶《はんもん》し、老婆殺害後も自分自身の崩壊に苦しめられた。まだしも、良心や罪の意識という強力な審判者が彼の内面にすんでいた。法や契約などは問題ではなかったものの、内面の審判者から自由であることはできなかった。そこにはむろんまだ「神」の影があったということである。

しかし、「神」も「仏」もなく、内面の審判者もなければ、何が人殺しに対する決定的な歯止めになり得るのだろうか。結局やめておいたほうが得だという功利主義しか残らないのである。

そして、ひとたび、その方向に道を譲れば、いま述べたように、殺したほうが得だと考えてしまう者をも容認せざるを得なくなるし、さらに、アメリカのイラク攻撃についての功利主義的説明も受け入れざるを得なくなるだろう。

こうしたことはすべて、あらゆることに先んじて「個人の自由」が存在するというあのホッブズの発想から自動的に帰結するものである。むろん、思想史的にいえば、その後にロックが出てくるし、ルソーの契約論も出てくる。アダム・スミスはまた別のやり方でホッブズの問題を解決しようとした。

だが、近代的な自由観念の本質は、あくまでホッブズによって提示されたものである。特定の社会や国家権力によって包含される以前に、人間は自然の存在として「自由」だとする理解。この「自由」は何よりまず、個人がやりたいことをやる場合に拘束・障害を排する自由として定義された。そしてここから近代の自由の絶対化のドラマが始まった。

この近代的自由の伝統のもとでは、自由は本質的に道徳と対立し、政治的には権力と対立するのである。確かにそのように理解されるほかない。われわれもまた、基本的にはこの近代的な思想伝統の中に浸《つ》かっている。この思想伝統の外に出ることは近代人には至難のわざである。そして、この思想伝統の中にいる限り、「なぜ人を殺してはならないのか」という問いに対する論理的に有効な答えは容易には出てこないのである。

カントが考える自由

「なぜ人を殺してはならないのか」と少年に聞かれれば、われわれはたいてい、多少狼狽《ろうばい》しながらも、「そんなことはだめに決まっている。理由も何もない」とついいってしまうだろう。実際、それ以外にいいようもない。

だめなものはだめだという。理由なくだめなものが世の中にある。そういわざるを得ない。これはもう理屈の問題ではない、説明を要する問題でもない、というほかない。

そして実はそういったのは、十八世紀のドイツの哲学者イマヌエル・カントであった。カントの倫理学あるいは義務論はこういう。

人間の日常の経験の世界においては、人間の欲望にせよ、感覚的な快楽にせよ、人間の感覚や自然の条件という自然法則に従って動いている。だが、人間の意思の世界はそうではない。人間が自分の意思を持って何かを実践しようとするとき、その限りでのみ人間は自由である。

だから、人間の自由は、欲望を満たすとか、快楽を追求するとかといった日常的な経験の世界(そこでは自然法則が支配している)の次元のものでは断固としてあり得ない。欲望や快楽といった経験世界とは次元の違った世界で、われわれは自由を論じなければならない。

では、この実践の世界、人間の意思の世界で、意思の動きを決定するものは何か。ここでは人間は自然法則に従うのではなく、道徳法則に従わなければならない。意思とは、道徳法則に従うことにほかならないのである。

こうしてカントのいう「自由」とは、煎じ詰めるところ、道徳法則に従う意思の働きそのものということになる。人間は、自由な意思を持っている。とすれば、その意思でもって道徳法則に従うよう自らを規制することができるはずだ。ここに本当の「自由」がある、というのである。

道徳法則は無条件的で絶対的だとカントはみなした。「定言命法」といわれるものだが、それは、経験世界に見られるように、状況に応じて条件付きで許されるというようなものではなく、無条件に禁止されている。道徳法則とは無条件で守らなければならないものなのである。「だめなものはだめ」なのである。

「道徳法則は無条件の法則であって、道徳的法則に対する人間の意思の関係は依存の関係であって、これは責務と呼ばれる。責務は行為の強制を意味し、これは義務である」とカントはいう（『実践理性批判』篠田英雄訳、岩波文庫、一九六一年）。こうして、自由はまた、義務の認識であり、行為を義務に合わせることにほかならない。

人間は理性的な存在であって、理性に従おうという意思がある限り、定言命令を自分に課すはずであろう。だから、カントが考える自由とは、あくまで道徳法則を守るように理性で自分を律することなのであり、決してやりたいことをやる、欲望を満たすということではない。

キリスト教という権威あってのカント議論

もしカントのように考えることができれば、「なぜ人を殺してはならないのか」などという問いかけは出てこないであろう。問いそのものが無意味ということになるだろう。

しかし、ではカントの道徳法則はいったいどこから導かれているかというと、そこには根拠はない。絶対的な命令という言い方からわかるように、もはやその根拠を問いただしても仕方がないのである。

ではこの絶対的命令が現代人に説得力を持つかというと、もはや持ちえないというほかない。カントが「自由」の問題をそこから切り離そうとした経験世界の欲望や快楽や幸福によってわれわれは自由を理解しているからである。自然のままで個人は自由だとする発想は、自然のままの欲望の発揮こそが自由だという考えに道を譲ってしまった。自己実現やありのままの自己表現の自由という言い方は、近代社会が発見した自然のままの個人から出発する自由とすっかり結び付いてしまっているわけだ。

カントは、一方では人間の意思の自由や自立を主張する近代主義者であるとともに、他方ではプロテスタントの信仰深いキリスト教徒でもあった。このことからもわかるように、カントの義務論の背後にはあくまでキリスト教の倫理があった。キリスト教の文脈を背景においてはじめて絶対的な命令というものも理解できるであろう。キリスト教という絶対的な禁止を与える宗教的権威を隠れた前提としているのであって、この権威によってようやく「だめなものはだめ」という言い方が効力を持ち得るのである。

だが、近代的自由はキリスト教という宗教的権威を批判した。宗教的なものを迷信、呪術だと批判し、権威あるものを脱権威化するところに近代的自由があるとみなした。自然のままにおける人間の欲望の肯定は、宗教的な権威への挑戦でもあった。

だから、近代的自由からすると、カントの義務論そのものが、もはや意味をなさないということになる。いくら神の代わりに人間の普遍的理性というものを持ってきても、理性によって従うべき道徳法則を与えているものはやはりキリスト教的な超越性であるほかないであろう。カントはまだそういう宗教的信条がかろうじて生きていた時代に思索したのである。少なくとも、近代的自由の伝統に基づけばもはやカントの議論はそのままでは受け入れられないだろう。

自由の意味が衰弱した時代

近代的自由を拘束・束縛のない状態だとする限り、自由はどうしても道徳と対立する。カントのように道徳と自由を調和させることは不可能なのである。拘束と戦い、障害と戦い、自分の欲望を実現していくことが自由だとすれば、拘束や束縛を与える道徳的なものは自由への障害にならざるを得ない。こうして規範や道徳には正当性がなくなってしまう。

ところが、ここで重要な問題が発生する。それは次のことだ。もしも規範や道徳のほうに正当性がなくなってしまうと、そもそも自由がそのために戦うべき障害も大きな脅威でなくなってしまうことになろう。すると、自由のほうもその活力を失っていってしまう。もはや自由に対して血が騒ぐがごとき強い意味を与えることができなくなってしまうのである。

こうなると、「自由」は、もはや大きな障害を持たず、それゆえ「自由」を実現するための強い緊張感もなくなってしまう。「自由」が無条件に是認されると、「自由」そのものがもはやわれわれの魂に対して訴えかけてこなくなる。「なぜ人を殺してはならないのか」という問いは、まさにこの「自由の意味衰弱」の中で生じたのであった。この緊張感を欠いた問いかけそのものが、自由観念の衰弱を如実に示しているといってもさしつかえないであろう。

人間は生きるためにさまざまな障害や抑圧を排除しなければならない。障害や抑圧の重さが生に重くのしかかるほど、われわれはその障害に耐えられない。そのとき人間はほとんど本能的にその障害やら抑圧やらをはねのけようとする。それが人間の生というものの基本条件である。そこに確かに自由の第一義的な意味が出てくる。障害や拘束に対する戦い、そこに自由というものの自明な意味があると思われた。だから、その自由についてわれわれはわざわざ論証する必要はなかった。

ところが、近代社会は拘束する側、障害を与える側が持っていた権威を否定した。権威そのものの正当性が失われてしまった。そうすると、障害や抑圧が軽くなった分だけ、自由にも切実な意味がなくなってしまう。自由は生を確保するための無条件に擁護されるべき行為に結び付いたものではなくなってしまった。

その結果、それはせいぜい、「各人は自己のやりたいことをやろう。お互いに障害となるような干渉はやめよう」という程度の話になってしまうのは避けがたい。さらには「法律に触れなければ、別に何でもやってもよいではないか」というレベルにまでポテンシャルを落としてしまったのである。

ここで特徴的なことは、この場合、行為の内容については問わないということだ。「自由」の問題と行為の内容は切り離されてしまうのである。行為の内容が人殺しであろうとボランティアであろうと、とりあえずは問わない。ただそれが法律に触れるか触れないかの違いだけだということになる。

いま自由を語ることの難しさ

そこで、拘束から逃れてしまうと、それに代わって出てきたものは、個人の多様性を保障し、多様な幸福を実現するという価値である。個人は、多様な欲望を持っているし、多様な幸福の形を持っている。だから、個人がいかなる形で彼の欲望や幸福を追求しようとも、それは彼の自由だという理屈であって、行為の内容まで誰も干渉することはできない。ここに今日の自由の考え方が出てくる。

かくして、近代的自由は、多様な欲望を持った個人の間の相互不干渉というところへ行き着く。今日、自由の意味は、多様な個人の多様な活動を保障することだとしばしばいわれる。「人間いろいろ、人生いろいろ」だから、他人の人生に干渉するな、ということだ。別の言い方をすれば、私の人生や活動に口出しをしてくれるなということであって、それを「多様なものの共存」などとわれわれはいうのである。

だが、これこそは、近代的な自由観念の自然な帰結というほかない。もっといえば、それが歴史的に担ってきた抑圧・圧制からの解放という自明の意味を見失ったまさにそのとき出現した代替的な口実なのである。このような口実が悪いといっているのではない、ただそれが、近代的な自由観念の衰弱の形だと見ておいたほうがよいだろうということなのである。

自由を求める実質的な必要は衰弱している。にもかかわらず、われわれは宿命的に「自由」に対して決定的な意味を与えつづけずにはおれないのである。魚学者は水の上を飛ぶことを魚の本質とは考えないのだが、近代人は、自由こそが人間の本質だという思想に取りつかれている。自由は大事だ。だがとりつかれることはあまりよいことではなかろう。切迫した抑圧がなくなり、道徳に自明の正当性がなくなってしまった時代に、「自由は大事だ、自由は大事だ」という理由がどこにあるのだろうか。ここに近代人の「自由」をめぐる困難がある。

3 バーリンの「自由論」の意味

「支配」をめぐる二つの問題

ここで述べてきた「拘束のない状態としての自由」あるいは「障害・抑圧からの自由」という考えは、西欧近代社会が生み出したものだが、それだけが西欧近代社会によって生み出された自由の観念ではない。そのことを論じるために、いま少し、アイザイア・バーリンの「自由論」をとりあげてみよう。

バーリンはラトビアに生まれてロシアで学んだ後、人生の大半をイギリスで過ごしたユダヤ系の政治哲学者であるが、その名高い「二つの自由概念」が発表されたのは、一九五八年のオックスフォード大学教授就任講義においてであった。

バーリンの講義は過剰といってよいほどの準備がなされ、しかもこの講義ももともとの準備草稿を大幅に縮めたようで決してわかりやすくはない。しかも常に慎重にものごとを論じるバーリンの議論は、必ずしも明確な結論や主張をわかりやすく打ち出すことをしないので、そのこともこの講義の真意をつかむことを困難にしている。にもかかわらず、この講義は、多くの批判を呼び起こしたし、また現代の「自由」を論じる上での無視し得ない古典とみなされている。

その理由は、ここでバーリンは、「自由」についてのひとつの重要な区分を導入したからである。

バーリンは、近代社会においてわれわれは二つの問題を区別しなければならないという。ひとつは「私はいったい誰によって支配されるのか」という問題であり、もうひとつは「私はどこまで支配されるか」という問題だ。

前者の問題は、誰が支配者、主権者であるか、という問題である。たとえば前近代社会なら話は簡単で、王や絶対君主、領主、貴族、教皇などと答えることができよう。近代社会ではこの問題はそれほど簡単ではない。「国民」や「人民」と答えてもそれはいささか形式的である。そして、近代社会では、誰が支配者であるか、ということの正当性が問われるようになった。だからこそ、近代社会においてこの問いが意味を持つようにもなったわけである。

もうひとつの問題、「どこまで支配されるか」という問題は、最初のものとは違っている。後者の問題は、支配者が誰であれ、「私」の領域はどこまで守られ、そしてどこまでが支配に委ねられるべきかという問題である。

この二つの問題を区別しなければならない。そして「自由」の概念も、この二つの問いに対するレスポンスとして二つに分裂してくる。

積極的自由

まず前者のほうを考えてみよう。前者から出てくる「自由」の観念は、自由を集団的な意思の実現、自立と考えるものである。なぜなら、「誰が私を支配するのか」と問われたとき、私が自由であるためには、当然、私が私の支配者でなければならないからである。

しかもさらに踏み込めば、何かある意図や目的や理想などを現実に実現しようとすれば、当然、自ら他者を意のままに動かし、それなりに権力を行使して自らの意図を実現するような状況を作り出してゆかなければならないだろう。

こうして、「誰が私を支配するか」という問いに対する近代人の回答は、「自らが己を支配すべきである」ということになる。そしてその考えをひとつの国民にあてはめると、人民を支配する者は人民だとする民主主義の原理が出てくる。したがって、ここでは、たとえば民主主義こそが近代的自由を実現するものだという理解も可能ではあろう。

しかし、「自分が自分を支配する」ということは、論理としてはわからなくもないが、実際には何を意味しているのだろうか。

そこでこう考えてみよう。「自分で自分を支配する」というときの「支配されている自分」とは、日常的な経験的な自己であろう。それは日常の惰性的な生活の中で、一時の欲望やわずかな情念や感情によっても動かされるし、衝動によっても動かされる。しかし、それをそのまま認めてしまっては人間にも社会にも進歩はない。そこで、人間はいまある境遇や環境を抜け出して、よりよい状態に社会を作り変えようとするだろう。そこに「支配する自己」が登場する。

この「支配する自己」は、日常の快楽や安逸を求め、欲望や感情のままに動く人間ではない。それをもっと高次元の理性によってコントロールし、日常的な欲望や感覚的な楽しみを、もっと確かで社会的な意味を持った意義深いものに置き換えてゆこうとする。そこに理念や理想が出てくる。自己の衝動的な欲望を、より高度で普遍的な理念や理想にまで持ち上げて、その実現をはかるためには人や物財を動かさなければならない。この場合「支配」とは、自己実現のための資源のコントロールといってよい。こういう発想が出てくる。

このように、まずは自ら己を律して自立し、さらには、ある理念の実現を目指して、集団を形成して自己実現をはかる。これは政治への強い参加や運動を必要とするだろう。運動を通じて集団の意思や理想を実現してゆく。そこにこそ自由があるというのが、「積極的自由」すなわち「……への自由（freedom to）」と呼ばれるものなのである。

民主主義も自己が自己を支配するひとつの政治形態である限り、ここでいう積極的自由にかかわっている。特に、民主政治のもとでは、人々は集団（パーティ）を作って、彼らの主張や意思を実現しようとする。

ところがそのためには、彼らが、対立集団に支配されては困るわけで、彼ら自身が支配権を持たなければならない。そこに集団間の闘争が生じる、だから民主政治においてはこの意味での権力闘争を避けては通れない。

この場合、積極的自由は、自らの意思の実現のためには政治に積極的にかかわるべきことを要請する。権力闘争からも身を引くべきではない。権力闘争を通じてしか、自分の理想や正義を政治の場においては実現できないからだ。

民主主義はそのための舞台を提供する。しかし、この種の理想や正義の積極的実現は、多くの場合、民主主義という枠を超えてしまうとも考えられる。集団の意思や正義を実現するためには、彼らが十分に行使できる権力を握らなければならない。だがその結果、権力の追求そのものが自己目的化してしまうのである。

こうして往々にして、積極的自由の実現は、ある種の全体主義を目指すという帰結を導きかねない。ファシズムも社会主義も積極的自由を徹底して追求した結果なのである。そもそも何かの正義や理想を目指す集団的運動は、多くの場合、それ自体が全体主義的性格を持った組織を作り上げてゆく。ある時期の共産党という前衛党はその典型であった。ファシズム政党は、その名前からしてもそうである。積極的自由の実現は、こうして全体主義へと転化しかねない、とバーリンはいう。

消極的自由

これに対して後者の問いに対する答えは別の自由概念をもたらす。「私はどこまで支配されるか」、言い換えれば、「どこからが私の意のままになる領域なのか」という問いがそれであった。ここでは「私の意のままになる領域」の確定が求められる。

この「私の領域」は、法や政治権力、共同体や社会の介入から解放された領域であり、近代人はこの私的領域の不可侵性を求める。そこで出てくるのが「消極的自由」すなわち「……からの自由（freedom from）」だ。

私のもの、プライベートな領域への干渉を排除する点にこそ「消極的自由」の意味がある。したがって、たとえ民主的社会でも「消極的自由」は侵されうる。むしろそれは、政治そのものと対立しかねない。

民主的に決定されたことが個人のプライバシーを侵したり自由を制限することはいくらでもあり得るし、また世論という名のマスコミの報道行為が個人の私生活を侵害することもいくらでもあり得る。これは「私を支配する者が誰か」ということとは無関係に問われるべき自由なのだ。この場合には、民主主義と「消極的自由」は矛盾しかねない。

そして、「消極的自由」は、多くの場合、政治的参加、つまり政治の場で自己の利益や権利や理想を訴えることそのものに対して冷淡とならざるを得ない。どうしても政治に対して距離をおこうとすることとなるだろう。それはどちらかといえば、政治的なものから身を引き離し、私の領域に重心を置くことになる。

より重要なのは消極的自由

バーリンは、この二つの自由概念を明確に区別すべきだという。その上で、彼は、より重要なのは「消極的自由（……からの自由）」だと主張する。

なぜなら、「積極的自由」は、ある種の理想や正義の実現、理性的な秩序の実現を目指すが、そのこと自体が全体主義へと転化しかねない。その結果、それは私的領域の不可侵性という「消極的自由」を脅かすようになるからだ。このようにバーリンは述べる。

理想の実現、素晴らしい社会の建設、普遍的な正義の実現、こういった壮大な情念はこれまで多くの人を動かしてきた。素晴らしい社会、善き社会を作り出すことこそが自己実現である、という議論が人々を政治参加にかりたててきた。

しかし、ここにあるのはひとつの価値観であり、ひとつの世界観である。言い換えれば、ここで想定されている正義や理想に共鳴し得ない者は、この運動からはじき出される。反対すれば抹殺されかねない。また時には正義や思想への賛同を強制される。ここに「積極的自由」の恐ろしさがある。

先に述べたように、自分の理想や理念を実現しようとしても、多くの場合、一人では無理なので、同志を募って集団を作ったり、社会運動を組織せざるを得ない。ここで他人とかかわってくる。他人とかかわるということは、本来はさまざまな意見や信条の多様性を持った者を、ひとつの普遍的な意思や正義へと収斂《しゅうれん》させることである。そこで、自分の理想に反する者は意志の弱い者とみなされ、意志の弱い者を強い者が啓発したり管理したりできるという発想へと変わっていくだろう。

この講義が行われた一九五八年という時代背景からもわかるように、バーリンがこの場合に積極的自由という観念によって念頭に置いているのはマルクス主義運動や社会主義体制であった。合理主義的な設計、労働者の共和国という平等主義の理想、人間の疎外からの解放、労働者による自己支配、これらは確かに理想的な価値であり正義である。それこそが自由の積極的実現であるという夢想が支配する。

ところが、この種の積極的自由の実現こそが、私的な自由を脅かし、全体主義を生み出してゆく、とバーリンは見ていた。典型的な歴史的事例は、フランス革命の中で生じたジャコバン派の独裁である。自由や平等そのものを正義として、それに敵対する者をすべて抹殺してゆくのである。これが彼が「消極的自由」にこそ重きを置くべきだと主張した理由であった。

4 「……からの自由」は何を意味しているのか

近代的自由の基本は消極的自由

このバーリンの二つの自由の区別に従えば、これまで述べてきた「近代的自由」は、バーリンのいう「消極的自由」すなわち「……からの自由」を中心としている。もちろん、「近代的自由」の中には、積極的に自己実現を目指す「積極的自由」も含まれてくるのだが、それにしても、まず基本になるものは、他者からの強制を受けない、つまり拘束からの自由、抑圧からの自由といってよいだろう。

この「私的領域」に対する不可侵性ということが「近代的自由」の発想の基底にある。政治的であれ、社会的であれ、宗教的であれ、集団の持つ強制力から逃れていること、ここに近代の「私的自由」が成立した。フランス革命後の思想家バンジャマン・コンスタンは、古典的自由と近代的自由を区別して、古典的自由は公的活動の自由であり、近代的自由は私的な自由だとしているが、まさに、「私的な領分」の不可侵性を唱えたところに近代的自由の意味があった。

そして、この定式化の前提には、個人の「私的生活」の多様性ということがある。個人の生き方も信条もその個人のものであって多様であるから、私的生活に対して、権力が介入し、個人の信条とは異なったものを強制してはならない、ということである。

このように述べれば、近代社会が消極的自由を擁護し、そこに自由の最も枢要な意義を見出したことは別に問題とするにあたらないように見えるだろう。しごく当然のことに聞こえる。

だがそれでは、たとえば、今日の自由の意味をめぐる政治哲学者たちの論戦はいったい何をめぐってなされているのか。しかも今日、先進国では、「私的領域」における自由は、プライバシーの権利にせよ、私的な職業選択にせよ、私的取引にせよ、基本的には保護され、「……からの自由」はまずは実現しているのではないだろうか。とすれば、今日、バーリンのように「消極的自由」をことさら唱える意味はあるのだろうか。

さらに次のことも問題となるだろう。第1章で述べたように、アメリカは、自由や民主主義の世界化という命題を少なくともひとつの名目としてイラク攻撃に踏み切った。抑圧からの人民解放を目指して「悪」と戦うという。この場合の自由は、あくまで個人の私的生活を権力から保護するという消極的自由にほかならない。

とすれば、「消極的自由」のために戦争を起こすというのはやはりどこか変なのではないだろうか。ここでは、「消極的自由」の実現が何か絶対的な正義にされてしまい、「消極的自由」が、あたかも「積極的自由」のように追求されているのではないだろうか。

消極的自由を積極的に弁護する

バーリンの講義が、一方で、ファシズムによって混乱の極致へ陥れられた第二次大戦の記憶からまださめず、しかも他方で、社会主義やマルクス主義が知識人層に強い影響力を持っている時代になされたものであることをもう一度思い起こしておこう。

彼が「消極的自由」こそ重要だといったときには、そこには積極的な意味があった。彼は、積極的自由をまったく認めなかったわけではない。いわば「積極的自由」を消極的に批判し、「消極的自由」を積極的に弁護したのである。

「自由」という美名をあまりに普遍化し、絶対の正義であるかのようにみなし、そこに具体的な価値を与えると、それは自由を破壊するといったのである。人間の解放とか、自由の実現という美名で、われわれは実際には、労働者の共和国や完全に平等な社会といった、むしろ抑圧的な社会を生み出すだろうと述べたのである。

バーリンはあくまで「消極的自由」と呼んだことを忘れてはならない。自由は「消極的なもの」だといったのである。だがここでは、「消極的」という概念は積極的な意味を持っていた。バーリンが、自由を「消極的」と呼んだとき、あくまで「自由」は消極的なものにとどまるし、とどめるべきだという意味がこめられている。

そして、それは当時の知識人の心情とはかなり隔たったものだったのである。だから、バーリンの講義は、多くの批判を呼び起こし、その大半が、バーリンの議論は、政治参加や社会正義の実現という理想をないがしろにするあまりに「消極的なもの」だというものであった。だが、バーリン自身は、まさにそれが「消極的なもの」であるがゆえに「消極的自由」を擁護したのである。

消極的自由の積極的実現という矛盾

だが、問題は、五八年の時点で、積極的な意味を持っていた「消極的自由」が、今日、いかなる意味を持ち得るかである。九〇年にはソ連・東欧の社会主義は崩壊した。マルクス主義はもはや理想を語れない。先進的自由主義国家において今後あからさまな全体主義が成立するとは考えにくい。個人の多様性や個人の自己実現は、今日では、少なくとも額面上は最大限の配慮をはらうべき事柄となっている。「私的な領域」といっても、それを極端に脅かすような明白な権力は、われわれの前に立ちはだかってはいない。その中でいま「消極的自由」は何を意味しているのだろうか。

われわれの眼の前で繰り広げられている事態は、ある意味ではきわめて奇妙なことではないだろうか。それは、それに対する脅威がほとんど見えにくくなっているにもかかわらず、「消極的自由の積極的実現」を唱えるというものではないだろうか。こういう疑いがどうしても出てくるのである。

ただし、この場合の「積極的実現」は、先に述べた、バーリンが消極的自由を積極的に擁護した、ということとはまったく違っている。バーリンは、自由を消極的なものとして、つまり「……からの自由」とすべきだと述べた。自由は、あくまで抑圧から「私の世界」を守るという程度のささやかなものに限定されるべきだといったのである。それは、自由の過度の追求という積極的自由のもたらす危険を了解していたからであった。

ところが今日、たとえばアメリカのネオコン（新保守主義者）は、圧制からの解放という意味での「自由」は人類に共通の価値であり、その普遍化のためにアメリカは抑圧者と戦うという。テロとの戦い、「ならず者国家」との戦い、専制的政府との戦い、宗教的原理主義との戦い、これらは「消極的自由」のための戦いだという。この自由のための戦いにおいては、先制攻撃も辞さないという。これが、「消極的自由の積極的実現」といった意味である。

だが、バーリンが唱えた「消極的自由」はそのような意味ではなかった。それは過度に政治化されない平穏な日常生活への愛着に基づく自由であった。だから今日生じていることとは、「消極的自由」の観念からすれば、パラドクシカルな事態なのだ。「消極的自由」が唯一の正義とみなされ、普遍的な理想としての位置へと祭り上げられ、あたかもそれ自体が「積極的自由」であるかのように追求されねばならないとされてしまったのである。「消極的自由」を唱える者が、それを認めない者、もしくは、自由以上の価値（たとえば宗教）を信奉する者を自由への敵対者とみなし、これを排除しようとしている。この不寛容はいうまでもなく「消極的自由」の最も忌み嫌うものであったはずである。

「神々の争い」に「自由」を巻き込まない

今日のいわゆるリベラリストは、自由の基本原理は、他者への寛容にこそあるという。多様性の尊重、異なった多様な人生や価値を認めること、ここにこそ現代の「自由」の意味がある、という。そしてこれは「消極的自由」の延長上に出てくるものである。その上で、リベラリストは、多様なものの共存という自由観念に最大の価値を見出す。この意味での自由さえ実現できれば、あたかも世界は平和的に調和するとでも言いたげに、だ。

だが、多様性の共存や他者の承認は、決してバーリンが主張しようとした中心の論点ではなかった。彼が「消極的自由」を唱えたときには、実は、ここにもうひとつの論点が伏在していたのである。

それは、「自由」という価値によっては決して問題は解決し得ないというペシミズムである。考えてみればこれは当然のことであろう。なぜなら、この世には、さまざまな価値があり、信条がある。そして、それらは共存できればよいが、通常、人々がそれらの価値に対して真剣になればなるほど共存は難しくなる。

宗教的信条においては、イスラム教、キリスト教、ユダヤ教はそれほど容易には共存できない。自由や民主主義、ヒューマニズム思想とイスラム原理主義は共存しがたい。こうなるとそこにいわゆる「文明の衝突」も生じる。

それほど大掛かりな文明の衝突ではなくとも、われわれの生き方の信条においても、多くの対立が生じる。環境主義者と成長主義者は価値の上で対立するし、白人至上主義者と黒人中心主義者は対立する。西欧中心的信条の持ち主と、文化相対主義者は和解しがたい。市場経済中心主義と福祉重視の価値観は容易には調停されないだろう。夫婦別姓論者とその反対者はかなり隔たった人生観を持っているだろうし、近年の日本の親米派と反米派も簡単には妥協できないだろう。

これらは、ただ多様性の保障、あるいは他者との共存、というような話では本当はすまないのではないか。価値や信条は常に対立をはらんでいる。それを多様な価値の共存などと、安易に片付けることはできない。それは決して和解しがたいということを認めなければならない。

このようなペシミズムがバーリンの心情を覆っていた。だからこそ、まだしも「消極的自由」のほうが重要だと彼は述べたのであった。和解しがたい価値の中で人は当然争いあう。そのときに「積極的自由」をひとたび認めると、それは「自由」の名のもとに人々が殺しあうことを認めることになる。それならば「自由」の領分は「消極的なもの」にとどめておくべきだというのだ。自由をあくまで「消極的なもの」にとどめておくことによって、自由の観念そのものが破壊されてしまうことを避けようとしたのである。

だから、「消極的自由」を認め、個人の多様性や他者性を認めても、決して価値観の間の対立も争いもなくなるわけではない。和解しがたい対立は依然として存在する。しかし、その衝突は「自由」の名目をめぐる戦いではない。「自由」はこうして戦いの引き金であることは免れる。ただ、「消極的自由」は、本来は和解しがたい生き方や価値の間の選択という命がけの選択を個人の手に委ねるのである。

この選択は、経済学の教科書の練習問題のような、市場でりんごとみかんを選択するとか、自動車のカタログを前にしてセダンを選択するかバンを選択するか、といったのんきな話では決してない。品数が多くて、多様性が広がれば選択の自由が拡大する、などというマーケティングとはまったく違っている。

個人の手に委ねられるのは、対立しあい、和解しがたい価値であり、それにいわば全人格や人生さえも委ねざるを得ないような価値の選択なのである。だからこそ、それは個人の手に委ねざるを得ないのである。だからこそまた、さまざまな価値の多元性が保持されなければならないのである。

バーリンの「消極的自由」は、おおよそこのような観念を含んでいる。ここには深いペシミズムもしくはシニシズムが流れている。「消極的自由」は多元的な価値を認める上で必要不可欠である。しかし、「消極的自由」を認めたからといってものごとが解決するわけではない。「価値と価値の対立」、マックス・ウェーバーなら「神々の争い」と述べた争いが続くのである。

「消極的自由」はむしろ、和解しがたい神々の争いを引き起こしてしまうというべきかもしれない。とすれば、「自由」がその神々の争いに巻き込まれないようにすることが「自由」を擁護する者の務めであろう。それは決して「自由」を神の座に祭り上げることではない。自由を女神の座につけて争いに参上してはならないのである。その意味では、「自由」はあくまで消極的な条件であって、それ自体が至高の価値なのではない。

多元性と相対主義の大きな違い

バーリンは「多元性」を強く擁護するが、それは多様性を含意する相対主義とはまったく違う、という。バーリンの述べる意味とは少し異なるが、これを私なりに言い換えれば、多様性に基づく相対主義とは、基本的に相手に対する無関心に発している。多様性は、ただ、多様な価値や幸福があり、その間には別に序列もなく、するどい緊張もない。

ここにあるのは、むしろ、他なる者への無関心であり、本質的には「私」の領域、「私」の世界にしか関心を持たないということである。私は「私」にしか関心はない。そしてそのかけがえのない「私」を干渉されたくはない。そこで、「他」をあたかも認めているふりをするのである。こうして、「私は私」「あなたはあなた」という相互分離線を引こうとする。それを相対主義と呼んでいるのである。相対主義を支える心理は、他者の事情にはさして関心を持たない、という弱々しい自己中心性であり、逆にいえば、「私の領域」を他なるものの干渉から守るための口実といってよい。だからこそ、また逆に相対主義は、場合によっては容易に自己中心主義、排他主義へと転化しやすいのである。

これに対して、「多元性」もまた、世界には複数の価値観や世界観、世界解釈がある、というところへと帰結する。しかし、その場合にはもともと、人々がそれなりに彼の人生や生活のよりどころを確定しようとすれば、それらは相互にするどく対立しあう、というのっぴきならない事実が横たわっている。相互に決して無関心ではおれないのである。他者を無視することで「私」を守るというわけにはいかない。「神々が争う」限り、人間も争わざるを得ない。それは本質的には、「私を取るか、あなたを取るか」という争いである。それを、すべては相対的であるという理由で調停することはできないのである。だが、神々の争いがどうしても調停しがたく相克が不可避だという苦々しい認識だけが、逆に、世界は多元的な価値からできている、ということをわれわれに教えてくれる。「神々の争い」だからこそ、世界の多元性を認めざるを得ないのである。これはきわめてか細い一本の糸につながれたバランスというべきであろう。

相互の無関心によってお互いに相対主義で満足しあうのではなく、あまりに関心が強く、あまりに対立が激しいがためにたどり着く不安定な均衡点である。この均衡点から少しずれれば、ある者はひたすら右へとスライドし、ある者はひたすら左へと移動してゆく。それらは相互に和解できない。均衡点をめぐっては、複数の道が交差しあっている。この交差点に立てば、ここに価値や世界観の多元性がある。

相対主義あるいは多様性は、もともと、人々の価値や趣味はさまざまだとして同一平面にお互いに邪魔にならないように並べ立てるのに対して、多元性は、本質的に絶対的なものを目指している。ひとつの真理を目指している。ただ、絶対的なもの、「真理」への道行きがあまりに相互対立的なために、究極的価値をひとまず括弧にくくる。こうして、究極的価値へのアプローチの複数性においてかろうじて和解し共存をはかろうとする。そしてその和解の上に、相互の尊重を築こうとするのである。

第3章　ケンブリッジ・サークルと現代の「自由」

1　ケインズとムーアとロレンス

ロレンスの嫌悪

現代における自由の問題はどこにあるのだろうか。それをここでは、これまでとは少し異なった形で論じてみよう。

時をさかのぼって一九一四年のイギリスのケンブリッジに舞台を置いてみる。その時代のケンブリッジ大学はきわめて活力に満ちた知的雰囲気を持っていたようで、そしてその中心には経済学者のジョン・メイナード・ケインズがいた。

ある日、作家のデイヴィッド・ハーバート・ロレンスがケンブリッジを訪問した。哲学者のバートランド・ラッセルの招きでケンブリッジを訪問し、ラッセル家に一泊する。そして次の日の朝食にケインズがやってきたのであった。

その時のことをロレンスは後に述懐して、虫酸《むしず》が走るほどの嫌悪を感じたと述べている。会話はもっぱらケインズとラッセルの間でなされ、ロレンスは一言も言葉を発しなかった。結局、ロレンスがケンブリッジの人たちと交わったのはその時限りで、ケインズにもその後いっさい近づこうとはしなかった。

ケインズは、いうまでもなく二十世紀を代表する有名な経済学者であるが、それだけではなく、大蔵省の顧問でもあり、芸術にも堪能で、当時のイギリス知識人の代表格であり、政治家および官僚に対しても大きな影響を与えた人物である。

そのケインズに対してロレンスは非常な嫌悪感を持った。そして、一九一四年の不幸な会見がなされてから二十数年たった三八年になって、ケインズがそのことを回想している。「若き日の信条」と題されたエッセイである。

このエッセイにおいて、ケインズは率直に当時を回想しているのだが、そこで彼は次のように述べる。確かにロレンスは居心地が悪いようであった。自分はその時、どうしてロレンスがそれほど自分たちを嫌悪したのかがわからなかった。ただ、いまになってようやくロレンスの気持ちがわかるようになってきたというのである。

当時のケンブリッジの学者やロンドンの知識人たちが作っていた知的サークルに、ブルームズベリー・グループといわれるものがあったが、ケインズやラッセルはその中心的存在であった。作家のヴァージニア・ウルフや画家のダンカン・グラント、文学者のリットン・ストレイチーなどが属していたが、ロレンスはその知識人サークルに深い嫌悪感を持ったのである。そして、ケインズはその気持ちが二十数年たってようやくわかるようになってきたという。

十九世紀の道徳原理を否定したムーア

では、二十数年の年月を経てケインズに見えてきたものは何だったのだろうか。ケインズによると、彼らが当時大きな影響を受けていたのはジョージ・エドワード・ムーアの哲学であった。著名なケンブリッジの倫理学者であるムーアが『プリンシピア・エチカ（倫理学原理）』という本を出版したのが一九〇三年である。これは、出版されるや否や大変な反響を巻き起こし、倫理学の考え方に大きな転換をもたらしたものだとされており、二十世紀の新しい倫理学の方向を示した書物だとさえいわれる。

この本の出版時、ケインズはまだケンブリッジ大学の学生だったが、この本に大きな衝撃を受けた。そしてそれは彼だけではなく、彼の世代の若者を瞬時に引き付けたものであった。だが、何が彼らをそれほど引き付けたのだろうか。そして、この本でムーアが主張したこととは何であったのだろうか。

ここでムーアは十九世紀の倫理についての考え方を批判し、それに代わる新しい倫理学の構想を提示している。十九世紀の倫理の考え方には大きく分けて二つあった。ひとつはカントに由来するもので、人間の道徳は絶対的な命令であり、人間の理性はその普遍的命令に服することを要請する。理性的存在としての人間は、道徳的命令に従わなければならない、と考える。

しかし、このカントの倫理学は、実際にはキリスト教的な前提を持ち、神の絶対的命令が暗黙裡に想定されていた。そして、これは無神論もしくは宗教的懐疑主義に傾くケインズたちには受け入れられないものであった。

もうひとつの考え方は、十九世紀のイギリスで圧倒的な力を持っていたジェレミ・ベンサムを中心とする功利主義であった。功利主義は、人間をカントのような普遍的理性においてとらえるのではなく、あくまで自己利益を追求する者とみなす。これは人間の自然的な性向だし、自然な情念にも基づくとみるわけである。

したがって、人間にとって善い行為とは、自分の利益を実現することである。さらにそこから次のことが帰結する。善い社会とは、できるだけ多くの人間の利益を実現できる社会である。こうして「最大多数の最大幸福」という、ベンサムの有名な命題が出てくる。

むろんベンサムのこの教義は、カントのようにキリスト教的なものを前提にはしないし、人間の高度な理性の命令や厳しい意思を前提としない。人間は本質的に自然の性向に従って生きるもので、その性向とは利益や快楽の追求、すなわち幸福の追求だというのである。だから、まずは各人が自己の幸福を自由に追求できる社会こそが望ましいとされる。自由な幸福追求に対する制約ははずすべきだという。

これは当時の自由主義的な市場経済の考え方に適合したものであり、その結果、功利主義はヴィクトリア朝期の経済的自由主義者によって強く支持されたのであった。

そして功利主義はまた、人間がいかなる行動をとればよいのか、その基準を与えるという意味で道徳原理でもあった。ある事態に直面したとき、人はどういう行動をとればよいのか。それは、さまざまな行動をとった場合の利害や快楽を測ればよい。それをベンサムは快楽計算といったのだが、計算はともかくとしても、利益や快楽を比較考慮し、大きいほうを選べばよいということになる。随分単純な原理ではあるが、それはベンサムからすれば、きわめて科学的でかつ人間性に根ざした道徳原理であった。それは、抽象的な思弁では決してないということなのである。

さて、ムーアは、こうしたカントおよびベンサム流の道徳観を拒否する。特にベンサムのような功利主義への批判がムーアの意図するところであった。

「善」と「正」

彼は二つの重要な主張をする。それは次のようなことだ。第一に「何が善であるか」ということと、「何が正しいか」ということは別である、という。要するに、「善（good）」と「正（right）」は違うという。

「何が善であるか」とは、「どういう状態が人間にとって善い状態なのか」という問題だと言い換えることができよう。これに対して、「正（right）」は、「どういう行動をするのが正しいのか」という問題だといえよう。この二つの問題は別のことであって、この両者をまずは区別しておく必要がある。そして二つに対して彼は次のように答える。

まず最初の「何が善い状態か」「何が善（good）か」という問題であるが、これについては実は答えられないのである。つまり、善という概念は定義不可能だとムーアはいう。この点について彼は複雑な言語分析のようなことを行っており、この書物自身、決して読みやすいものではないのだが、ともかくも、「善とは何か」という問いには答えられない、善は定義不可能だという。

たとえばここに本がある。「本とはいったい何か」というと、とりあえず、別の言葉に置き換えることができるだろう。たとえば「本とは通常、紙を素材として、われわれが読むための活字が書かれているものだ」というように。ところが、「善とは何か」という概念は別の言葉に置き換えることができない。「善とは、それでもってわれわれが善く生きられるものである」といっても単なるトートロジー（同語反復）でしかない。

こうして「善」を定義することはできない。しかし実際には、われわれは善の状態というものを知っている。「黄色い花」というときの「黄色い」という言葉をわれわれはほかの言葉で置き換えることはできない。「黄色い」は定義不可能である。しかし、われわれは「黄色い」という言葉を知っている。何が黄色いかを知っているのであって、黄色くないものを見せられたときに「これは黄色くない」ということができるし、黄色いものを見せられたとき、「これだ」と指差すことができる。

こう考えると、「黄色い」とはそれ自体を定義できないにもかかわらず、それがいかなる色の状態かをわれわれは知っている。これと同様に、「善とは何か」といわれてもわれわれはそれを定義はできない、しかし「善」であるような状態を知っている。そのことこそが重要だとムーアは述べたのだった。

では「正」つまり、「正しい行為とは何か」といえば、善を追求すること、善を実現してゆくことにほかならない。確かに、われわれが何か「善きもの」「善き状態」を目指して生きているとすれば、この発想が出てくるのは当然であろう。

ただ、注意しておかねばならないが、ここで「善なる状態」と「正しいもの」は区別されている。と同時に、両者は独立でもない。「正」はあくまで「善」に従属している。行為の「正しさ」は、それがどのくらい「善」を実現するかによって決まってくる。カントのように、正しい行為が、善から離れて、あらかじめ決められているわけではない。善を最大限実現すべく行為すること、それが正しい行動なのである。

友愛と美の鑑賞こそが「善の状態」

さて、そうはいっても、それでは「善なる状態」とはたとえばいったいどういうものなのだろうか。「善」は定義不可能であるがわれわれはそれを知っているとすれば、それは具体的にはどのようなものなのだろうか。

ムーアは、この本の最後に「理想」という有名な章を書いている。その中で、彼はもう一度最初の問題に戻って、「善は定義不可能である。しかし、善についてわれわれは知っている」という議論を再考する。では、「善の状態」とはどんなものなのか。

結局、彼は、友愛と美の鑑賞こそが「善の状態」だと述べるのである。友愛に満ちた人との交わり、一種の社交、そして美の鑑賞、芸術や日常の中で美しいものを享受すること。ここにこそ最大の善があるとムーアは考えた。そしてそのことにケインズたちは大きな影響を受けたのであった。

どうしてケインズたちはそのムーアの「理想」から強い影響を受けたのだろうか。

それは、ムーアのいう友愛に満ちた社交にしろ、美の鑑賞にしろ、これは自己の利益や集団の利益といった、何か別の目的のための手段として追求されるものではなくて、それ自身が追求されるものだからだ。それらはそのものが目的であって、ここには打算もないし、利己心や自己意識の臭いもない。社交の楽しみや美は、ほかの目的に貢献するものではなく、それ自身において高貴な意味を持つ。それはそのものにおいて本質的な価値を持っている。そういうものの追求こそが「正しい行為」なのであった。

こうして、ケインズたちは、ムーアの議論によって、功利主義を乗り越えることができると考えた。何か自分の利益のために行動している、あるいはある種の打算のために行動することを人間の本質としてそのまま是認する功利主義を乗り越えることができたと考えたのであった。

善は直覚によってのみ把握される

ところで、ケインズたちからすると、ムーアの議論の中にはまだ功利主義的な部分が残っていた。それは、「正しい行為」の位置づけにほかならない。なぜなら、「何が正しいか」は、カントのように倫理的な命令として決まってくるものではなく、あくまで善が決めるとされたからである。

ムーアに従えば最大限の善を実現すべく行動することが、「正しい行為」だということになる。しかし、この考え方は確かにどこか功利主義的といわざるを得ない。ベンサムがいった「最大多数の最大幸福」における最大の幸福・快楽の代わりに、「善」という言葉を置き換えてしまえば、ムーアの議論になってしまうからである。

善の内容は、功利主義的な利益や快楽ではないものの、考え方の基本パターンは、功利主義から借りてきているのである。

そこで、ケインズはこう述べる。ムーアの考え方には宗教的な部分と道徳的な部分がある。宗教的な部分とは、善は定義不可能だが、経験の中で人々はそれが何かをわかっているという部分だ。これはちょうどわれわれが神というものを理性的に定義して説明しようとしても無駄であるにもかかわらず、信者にとっては神を信じるということがいかなる心の状態かはわかっている、というのと同じである。ケインズはこれを「ムーアの宗教」と呼んだ。

これに対して、われわれはいかに行動すべきかという「正」にかかわる部分を彼は「ムーアの道徳」という。そして、若い時の彼らは、ムーアの宗教に熱狂し、ムーアの道徳を捨てたというのである。ムーアの道徳に残る功利主義のにおいに反発したのであった。

だがこのことの帰結は存外大事である。なぜなら、ムーアの中にある功利主義を捨てることで、彼らは、ある行為を判断する基準を手放しただけではなく、そこに付随する道徳的な感情も放棄したからである。要するに、ケインズたちは、功利主義に反発するだけではなく、道徳というものにも反発したのであった。

功利主義を放棄することで、彼らは、道徳という名を冠するような評価を舞台の表面から放逐したのだった。道徳的な評価を手放すということは、不道徳な行為というカテゴリーを見失うということでもある。ケインズたちは、彼らの行為について、もはや道徳的な基準に照らして良し悪しをいう必要を感じなくなったのであった。

そこで残ったものは何かというと「善の状態」だけであった。ところが善は定義不可能なのであるから、実際には、善は直観的な感覚（直覚〔intuition〕）によってしか把握されない。これは「直覚主義（直観主義）」といわれた。

美しいものを見て美しいということ、友人との生き生きとした会話や友情そして恋愛を素晴らしいと思うことは、何か理屈で説明できることではなく、直覚というほかないであろう。このように、善の状態、善の内容は直覚（直観）によってしか洞察できないのである。結局、残されたものは、「善」を直覚的に感じ取るということだけであった。

2　ムーアの倫理学と相対主義

直覚主義を支えたエリートの自己満足

だが、こうしたケインズの考えは、実は、現代の自由観念にとって決定的な意味を持ってくる。そのことを述べてみようと思うのだが、まず、次のことに注意してもらいたい。

ムーアやケインズは、たとえば美しい絵画は直覚によってしか理解できない、という。だが彼らは、決して「だからすべての人が絵画の美しさを理解できる、なぜなら直覚は普遍的なものだから」とはいわない。なぜなら、直覚は決して普遍的ではないからである。

実際、絵画の美しさについて自分なりの意見を持ち、自分なりの見方ができるようになるにはそれなりの経験がなければならないだろう。そして、その経験を自然に手に入れるにはそれなりの環境がなければならないだろう。ロレンスのような炭坑の生まれと、ケンブリッジの学者の息子に生まれるのでは、そもそも芸術に接する経験がまったく違っているだろう。

また、友愛に満ちた交わり、と言うけれども、それが実現するには、それなりの恵まれた条件がなければならない。ましてや、絵画や音楽や文学といった話題について楽しく語り、そこに相手に対する信頼と友情を見るなどということは誰にでもできることではない。

端的にいえば、善を本当に直覚できるのはごく一部の優れた人たちであって、それはケインズやラッセルのようなきわめて恵まれたケンブリッジのサークルの中ではじめて可能なことなのである。それはロレンスのような炭坑労働者の息子には不可能なことであった。ロレンスがいかに優れた文学的センスと優れた芸術的才能に恵まれていたとしても、彼には、美をめぐって談笑する社交サークルも仲間もいなかったし、また、そんなものは持ちたいとも思わなかったであろう。だが、「直覚主義」が暗黙のうちに想定していたのは、美についての優れた能力を持ち、そのような経験を自然に身に着けてきた特別な人々であった。

彼らが、ヴィクトリア朝の価値観のひとつの柱である功利主義を捨てたのも、彼らの特権的なポジションと無関係ではない。彼らはある意味では純粋な理想主義者であった。個人の利益を追求することなどつまらないことだと彼らは考えた。善とは、利益の追求や物的な快楽の実現によってもたらされる幸福などではなく、もっと素晴らしく崇高なものだというのである。重要なのは、物質的生活でもないし経済でもない。経済的利益よりも重要なものは人間の精神的生活であり、芸術であり、社交である。

食欲を満たすために腹にものを詰め込むなどつまらないことだ。大事なのは、崇高な芸術の美を感受し、友愛に満ちた時間を過ごすことだ。こういうわけである。

だが、この種のせりふは、そもそもが腹をすかしたことなどない者のせりふでしかないのではないだろうか。ケインズたちの発想そのものが、ことさら生きる上での利益の追求も生存のための競争も必要のない恵まれた階層ではじめて出てくるものではなかろうか。

確かにそうである。それは、ケンブリッジというエリート集団、小さい時から芸術に親しみ、音楽に親しみ、絵画を見てきたような人たちの発想であったといわなければならない。だがここにこそ、彼らが「ムーアの宗教」に飛びついた理由があった。

実際にケインズは「ムーアの宗教」を実践しようとしたのか、彼はイギリスにおけるフランス印象派の紹介者であり、絵画の普及に尽力し、劇場を経営してロシアのバレエ団を呼んだりもした。また公共事業によってロンドンを美しい芸術的な都市にすべきことを説いたりした。社交についていえば、彼の属したブルームズベリー・サークルなどまさにムーアの宗教の実践であった。だが、この発想そのものがケンブリッジのエリート階層という当時のイギリスの社会構造と決して無関係ではないのである。

ロレンスが絶望的な嫌悪感を抱いたのは、こうしたエリート層の自己満足に対してである。自らの特権性に無自覚なままに普遍的真理に到達したかのように錯覚する自閉的で無邪気な自信のはらむ欺瞞《ぎまん》をロレンスは見抜いていた。

善というものが定義不可能であれば、それを直覚できるのは自分たちであり、それを実行できるのもまた、自分たちだけだという特権的なエリート性が彼らにはあった。彼らは、自らの特権階層ゆえに可能となっている彼らの趣味に対して崇高な「善」という名を与えただけであった。ところが彼らはその欺瞞にまったく気づいてはいなかった。

さらにロレンスにとって我慢ができなかったのは、彼らが、自らの独善的な「善」に酔いしれて、行為の道徳的意味をいっさい問題にしないという点にもあったろうと思われる。彼らはもはや不道徳という範疇《はんちゅう》は存在しないとみなす。彼らにとってはある意味ですべてが許されるのである。ただ、彼らが決して道を誤らないのは、彼らが道徳的であるからではなく、彼らが美や社交という「善」を直覚できる優れた能力を持った特権階級に属していたからである。

そして、ケインズは後年になって、まさに、ロレンスの言い分を認めているのである。自分たちがいかに閉ざされた狭い特権的なサークルの中で調子のよい自己満足に浸っていたかを批判している。いまになってロレンスの気持ちがわかると述べるのだ。

善にまつわる愚かな社交ゲーム

善は定義不能であり、何が善であるかは直覚によってしかわからない、というムーア主義は現実には何を意味したのだろうか。そもそも善が直覚によってしかわからないとすれば、人によって善の意味は当然違ってくるだろう。だがそのとき、どれが本当の善だということになるのだろうか。

仮に、ここにいる人々が絵画は素晴らしいという点で一致していたとしても、あるものは印象派こそが絵画だと主張し、あるものは抽象主義こそが本当の絵画だと主張する。となれば、これは本当に「善」の存在を示しているのだろうか。

まさにケインズはそのことを回想している。彼らはたえず会話をし、意見を述べあう。だが意見は対立するだろう。対立したときに、いったいどちらが正しいのか、どちらのほうが善について語っているのか、それを決定することはできない。時には延々とたわいもないおしゃべりや議論が続く。

だが、それでも対立は解けないであろう。そこで彼らはどうしたかというと、要するに相手を馬鹿にしたという。そのことをケインズはこう書いている。きわめて印象的で率直な文章なので少し長くなるが引用してみよう。

……分析不可能なまったくの直観の問題であった。そうした場合、見解の相違があるならば、誰が正しいであろうか。(中略)私の記憶する限りでは、(中略)実際には、議論で勝利を収めるのは、はっきりした、自信たっぷりの確信を精一杯ひけらかし、絶対確実といった口調をいちばん巧みに用いることができるものであった。この時代のムーアはそうした方法の大家であった。

――人が意見をいうと、あきれて物も言えぬといったふうに、「君は本当にそう考えているのかね」と反論したのである。その時の彼の表情は、そんなことを聞くと自分が低脳かと思うほど変な気持ちになると言わんばかりの顔をして、口をぽかんと開け、髪がゆれるくらい烈しく否定的に頭を振るのである。まさか、と彼はいつも、相手か自分かどちらかが気が狂っているに違いないと言わんばかりに、目玉をひんむいて相手を見つめながら言うのであった。すると相手は返答に窮したのである。ストレーチーのやり方はまた違っていた。そんなひどい意見はとやかく言うに及ばない、言わぬは言うにまさる、とでもいうかのように、頑固に押し黙っているのである。このやり方は、彼のいわゆる命取り〔の議論〕を片付けるのに、ムーアの方法に劣らずきき目があった。

（「若き日の信条」『ケインズ全集』第十巻所収、大野忠男訳、東洋経済新報社、一九八〇年）

これがムーア主義の帰結であった。何が善であるかということを決定できないとすれば、自分のほうが正しいと主張した者、あるいは相手を馬鹿にすることのできた者、うまく相手をからかうことのできた者、そういう者が勝利する。論理や客観的基準がないとすると、相手のいうことにあきれてみせたり、馬鹿にしてみせたりして自分の主張を通すほかない。ムーアの倫理学が帰結したこととは結局はこういう愚かしいゲームであった。若きケインズが夢中になっていたのはこの愚かしいゲームの社交サークルであった。二十数年のちになってこうケインズは振り返るわけである。

直覚主義から相対主義へ

ムーア主義のこの帰結は、現代の自由を考える上で重要な意味を持っている。なぜなら「善」についての直覚主義は、結局、「善」の内容は人それぞれ違っているだろうという「相対主義」へゆきつくであろうからである。

それでも、まだしもムーアは、社交や美の享受こそが善であるということができた。だが「どうしてそうなのか」といわれれば、彼には何とも答えられないであろう。

もし誰かが「芸術など人間の生存と何の関係もない。だからそんなものは無駄な活動だ」などといったらムーアはどう答えたのだろうか。彼はたぶん、口をぽかんと開け、うんざりしたように眉をひそめ、そんな問いには答える価値もない、という素振りを見せたのであろう。

もし、それでも、ムーアの相手が、芸術などにさしたる意味がないと主張するのであれば、両者の善の観念はもはや和解できない。こうして、善の内容は人それぞれ違っているという主観主義を経て、この世には多様な善があるという相対主義へとゆきつかざるを得ない。実際、これが二十世紀の倫理の目指した羅針盤なき道行きであった。

だがそのことを理解するためには、ここでもう一人重要なケンブリッジへの来訪者を思い起こしてみよう。それはルートウィヒ・ウィトゲンシュタインである。

3 ウィトゲンシュタインとケンブリッジ

世界とは言葉で明晰に書けるもの

ウィトゲンシュタインは二十世紀を代表する大哲学者であろうが、そもそもこの人物を哲学者と呼んでいいのかどうか、難しいところだ。むしろ哲学者になることを最後まで拒んだ哲学者といったほうがよさそうである。そしてそのことは彼の「哲学」と決して無縁ではない。

ウィーンの豊かな名門の生まれの彼がケンブリッジにやってきたのは一九一一年のことであった。彼はウィーンで理工系の技術者をやっていたのをやめて小学校の先生になったり、修道院で働いたりする。しかし、その才能を買われて、ラッセルがケンブリッジに連れてきた。ケンブリッジ滞在中、彼はケインズや若き数学者ディヴィッド・ピンセントたちと交わる。だがしばらくしてケンブリッジから姿を消し、第一次大戦においては自ら志願して前線に赴《おもむ》く。そして、その塹壕《ざんごう》の中で書かれたのが後に『論理哲学論考』として出版され、二十世紀を代表する哲学書となるものであった。

この草稿を読んだラッセルやケインズが彼をもう一度ケンブリッジに連れてきた。このときの指導教官がムーアであり、しばらくして、彼はムーアの後任の教授になるのだが、またもやウィトゲンシュタインはケンブリッジから逃げ出してノルウェーの小さな田舎町に一人でこもってしまう。

明らかに彼はケンブリッジの社交サークルに違和感を持っていた。原因の一部は彼の生来の社交嫌い、孤独癖、天才にありがちな極度な潔癖性や熱中癖のせいであったろうが、もう一部は、ロレンスと同様に、ケンブリッジの社交サークルのアカデミック・エリートたちの鼻持ちならない自己満足にやるせない欺瞞を感じ取っていたからであろう。

では、ウィトゲンシュタインが『論理哲学論考』で主張していることはいったいどういったことであろうか。

この書物の基本的な立場は非常に明快なものである。世界とはいったいどう理解すればよいのか。世界とは、結局、言語で論理的に明晰に書けるものであり、それだけが世界だという。世界は言葉で書かれた論理的体系と対応するものである、というのである。

ここにはウィトゲンシュタイン独特の哲学についての見方がある。それは、哲学とは、存在の真理や人間や世界の根源的な意味についての深遠な思想などではなく、世界を論理的に記述し、混沌としたものを明晰な思考に置き換えてゆく論理的活動だということである。世界についての「論理絵」を描くことなのである。

哲学とは、難しい顔をして世界の本質を思索することではなく、可能な限り明晰に語ることである。そしてそのためには、世界はできるだけ単純な事実にまずは分解され、次にその組み合わせとして構成される。これは論理学において単純な命題から複雑な命題が構成される手続きに対応している。

こうして、世界を構成する「事物」とそれをあらわす「名辞」が対応し、そして、「名辞」を複合した「命題」が、世界の複雑な「事態」と対応する。だから、結局、世界とは、さまざまな命題に分解され、命題として記述できるものの総体だということになる。

かくて、われわれは、結局、論理的に明晰に語り得るものごとについてしか客観的に語れないのだとすれば、客観的に存在する世界とは、論理的に明晰に語れるものでしかないことになる。いやそのようなものを世界として理解するほかない。これがウィトゲンシュタインの考えであった。

「語り得るもの」と「語り得ないもの」

だが重要なのは、そのことではなく、そのことの裏側に隠されたもうひとつの面である。それは、論理的に明晰に語れるものだけが世界だとすると、論理的に構成できないものについてわれわれは本当は論じることはできない、ということになろう。論理以外のものがこの世の中にないといっているのではなく、それを世界の問題として論じることができないということだ。ここに、「語り得るもの」と「語り得ないもの」の間の厳しい区別が出てくる。「語り得るもの」は事物に対応しており、それについては明晰に記述できる。だが、「語り得ないもの」については沈黙するほかない。

では「語り得ないもの」とは何か。むろん、それは「語り得ない」のだから、ウィトゲンシュタインもそれについて明確に論じているわけもないのだが、ここで、本書の関心に即していえば、それは、倫理や道徳、宗教という「価値にかかわる問題」といってよいだろう。

倫理・道徳という「価値にかかわる問題」は論理の形式にあてはめられない。それは、世界のように論理的言語によって記述できるものではない。そしてその問題については沈黙せねばならない、とウィトゲンシュタインはいう。「語り得ないものについては沈黙せざるを得ない」のである。

記述できるものとは、一方では、純粋に論理的演算の問題だが、他方では、そこに記述される対象が想定されているということだ。記述される対象である事物と言語の間に明確な対応があれば、われわれの知り得る世界とは、結局、論理で記述される事物から成り立っていると推論できよう。それに対して、倫理や道徳そして彼が終生関心を持っていた宗教の問題、こういうものは明確な対象との対応によっては記述できないのであり、この問題についてはわれわれは沈黙せざるを得ない。

ウィトゲンシュタインの『論理哲学論考』の重要な仕事は、この二つのカテゴリーを峻《しゅん》別《べっ》した点にあった。少なくとも、論理実証主義者はそう受け取った。ここから論理実証主義の重要な区別が出てくる。論理や事実の世界と、倫理、道徳、宗教といった価値の世界は区別されなければならない。われわれが客観的な命題として語ることができるのは事実の世界についてだけであって、価値の世界についてではないということになる。かくて、ウィトゲンシュタインのこの区別が、論理実証主義を通して現代科学の基礎哲学を提供することとなった。

「沈黙せざるを得ない」ものこそ重要

だが、これはさらに重要なことだが、論理実証主義や現代の科学は、実はウィトゲンシュタインの真意を見事なまでに誤解してしまっているようにも見える。

論理実証主義や現代科学は、世界についての知識は客観的で普遍的でなければならないと考える。世界について論じられたことは、誰もがその真偽を検討できなければ客観的とはいえない。

そこで、実証主義者は、事実によって検証できるものだけが客観性を持ち、科学の名に値するという。そのためには科学の中に価値にかかわる命題を持ち込んではならない、という。価値判断はそれぞれの人の主観にかかわるものであって、事実によって検証することはできないからである。

こうして、現代の実証主義は、価値判断や価値にかかわる命題を非科学的として、これをできるだけ排除しようとした。科学の王国において科学という崇高なものを守るためには、価値にかかわる議論を「沈黙させる」のがよいとみなしたのであった。価値は、それが仮にいかに優れていたとしても、しょせん特定の人やグループの主観であり、また時には政治的判断なのである。

しかし、ウィトゲンシュタインの真意はそうではなかった。彼にとって、本当に重要なものは、世界について記述したり、事実と突き合わせることではなく、倫理とか道徳とか宗教つまり価値の問題であった。

ところが本当に重要な問題についてわれわれは語ることができないのである。本当に重要な問題について人間は沈黙せざるを得ないのであった。

だが「沈黙せざるを得ない」とはどういうことなのか。人並みはずれて倫理観の強い人間であったウィトゲンシュタインにとっては、倫理や宗教の問題は、それほど軽々しく論じたり、おしゃべりできることではなかっただろう。倫理的な事柄については、人はただ黙って行動する以外にないのである。それはその人の「生き様」がその足跡をしるすだけであって、それは世界の記述や科学的議論の対象とはならないのである。

ある人の生き方は、本当にその人に共感しなければわかるものではない。だが、同時に、人の共感を得るような生き方を選び取ることはある覚悟を要するものである。そして、この覚悟や共感については、決して客観的に記述したり、語ったりできるものではない。人間が本当に真剣でなければならないのは、この「沈黙せざるを得ない」ものについてなのである。

ムーアとウィトゲンシュタインの決定的な違い

この考え方は、先ほどのムーアの考え方とある意味で近い。しかし、その精神においては決定的に距離をおいているともいえよう。

ムーアは「善」は定義できない、それは直覚によって知る以外にない、といった。それを言い直せば、「価値の問題」については語り得ない、それは行動で示すほかない、ということになろう。表面的に見れば、これはウィトゲンシュタインの考え方に近い。だから、ケンブリッジの知識人たちがウィトゲンシュタインを自分たちの仲間だと思ったのも不思議ではない。

しかし、表面上の類似にもかかわらず、ウィトゲンシュタインの心情はケンブリッジから随分隔たったところにあったというべきである。ムーアやケンブリッジのエリートたちが狭いサークルの中で、お茶を楽しみながら、善とは何かについて論じあう、そして「異質な者」がやってきて異論を述べると、肩をそびやかせ苦笑いをして相手を無視するというやり方、こうしたケンブリッジの知的雰囲気には耐えられないと感じたのであろう。

だから、彼は、価値の問題についてはわれわれは沈黙を守らなければならないといった。つまり、「善とはいったい何なのか」「何が善の状態なのか」について議論すること自体が不毛だと考えたのである。こうして、ウィトゲンシュタインはしばらくケンブリッジに滞在しては、すぐに逃げ出してしまう。そういうウィトゲンシュタインが何を考えていたかは、ケンブリッジのスノビッシュな知的エリートたちには容易にはわからなかったであろう。

価値判断とは語るものではなく実践するもの

ムーアの倫理学のひとつの重要な論点は、本来、価値の問題は定義不可能である、ただ人々はそれについては語れないが、それが何であるかを知っているのだとする点にあった。だとすれば、本来は、ウィトゲンシュタインが述べたように、善や価値についておしゃべりしても仕方がない、ということになろう。

価値とは人がか細い道を生きるバランサーのようなものであって、それは生き方において実践するほかないものなのである。道徳とは、定義不可能ではあるが、何かそれに向けて己の生を組織してゆくものである。それは事実についての命題が正しいというときの、その「正しい」こととはまったく違っている。

たとえば、「いま、外では雨が降っている」という言明は、事実と照らし合わせれば正しいか間違っているかはわかる。この「正しさ」は、事実判断についての正しさである。しかし、「君は傘を持っていくべきだ」という判断はまた別である。これは価値判断にかかわる論述である。雨が降っても傘を持たないという「価値」を持っている人もいないわけではない。

こうして事実についての正しさと、道徳や価値の判断についての適切さとは違っている。そして「事実についての命題」から「価値についての命題」を導き出すことはできない、というのが、論理実証主義の立場であった。

ムーアもこの二つの命題を区別しなければならない、という。ウィトゲンシュタインもそういう。論理実証主義者もそういう。だが、ウィトゲンシュタインは、真に重要なことは「価値についての判断」であり、それが「事実についての判断」から導き出されないとすれば、それについては「沈黙しなければならない」といった。それはその人の生き方の問題だからであった。そして、明らかに、真に重要なことは、机の前で世界について記述することではなく、人生を生きることなのだ。

4 現代の「自由」と情緒主義

「事実」と「価値」の峻別からはじまったもの

一九一〇年代から二〇年代のケンブリッジを舞台に「善」や「価値」をめぐる問題を見てきたが、ここで提出されている議論は、現代の「自由」を考える場合に決して無視できるものではない。ある意味で、カントやベンサム以降の自由の見方を提示したのは、この時代のケンブリッジにおいてであったといえるかもしれない。そこで改めて、「自由」の問題として、ムーアやウィトゲンシュタインのテーゼを考えておこう。

実際、現代の自由というものを考える場合に、どうしてこの時代のケンブリッジが重要かというと、現代の自由の考え方は、まさにムーアやウィトゲンシュタインの区別に基づいているからである。ムーアやウィトゲンシュタインは、倫理や道徳という「価値の問題」は、「事実の問題」ではないといった。

ところがここから「自由」についてのある独特の見方が出てくる。まず実証主義の帰結として、当然、「価値の問題は人それぞれにかかわっているのだから、それは個人の主観の問題に過ぎない」という考えが出てくるだろう。「主観主義」がそれである。

また、そこから同時に、価値は人によって違うという考えも出てくる。これは「価値相対主義」だ。ムーアの言葉でいえば、「善」は主観的であり、相対的だということになる。

ただし、ムーアもウィトゲンシュタインも決してこのような意味で、価値や善は主観的だとか相対的だとか述べたわけではない。ウィトゲンシュタインにとって、価値の問題について沈黙せざるを得ないのは、ただそれが主観的で相対的だからではなく、価値についての判断はその個人の生き方や存在そのものの問題であり、他者が安易に口出しできるようなことではないからであったからだ。

だが、現代のリベラリストは、「価値の問題」と「事実の問題」の峻別というテーゼから、価値は主観的で相対的だというメッセージを受け取った。

言い換えれば、二十世紀初頭のケンブリッジというかなり特異で特権的なエリート知識人のサークルの中で生み出された考えが、もっと一般化されて、価値の主観主義と相対主義という装いを持ってしまった。もともとケンブリッジのサークルの中で独自の生活を享受している知的エリートの間で生まれた考えが、価値相対主義や主観主義の名の下に普遍的な装いを持ってしまったといってよい。

ケンブリッジのエリートたちは、彼らの趣味や理想に従って、善を友愛や美の直覚だとみなした。だが、もしも、善が主観の問題だとすると、必ずしもムーアのように、友愛と美だけが善であるということもできない。それはムーアの主観に過ぎないからだ。

そこからどういうことが出てくるかというと、何を善だと考えるかは、すべてその人の好みもしくは趣味の問題だということになろう。ウィトゲンシュタインにとっては生き方にかかわる内面的な精神の問題だとみなされていた倫理が、ただ趣味の選択の問題へと変換され平板なものとされてしまうだろう。

すると、さらに次のようになるだろう。倫理や善の問題は、結局、個人の選択の問題だとすれば、それはその個人の心理状態や好みがそこに反映されただけではないのか。当然このような疑問が出てこよう。

その通りである。倫理などといっても、それはその人の主観に過ぎないのなら、それはその人の好みの反映に過ぎない、ということになってしまうであろう。道で倒れて困っている人がいても、彼を助けるかどうかは本質的には個人の自由選択の問題であり、それはその個人の好みを反映しているだけで、けっして道徳問題ではない。池で溺れている子供がいたとき助けるか素通りするかは、ただ嗜好の問題となってしまう。

これを「困った人がいれば助けるべきだ」という倫理の形を取って言明したとしても、その本質は個人の好みや情動の表現だということになる。倫理とか価値とか善とか言ってはいるが、それもまた個人の好みの反映にしか過ぎないであろう。それを、のちにムーアの弟子であったスティーブンソンという哲学者が「情緒主義」と呼んだが、結局、価値などというものは個人の好み、すなわち情緒の反映に過ぎない、という考えである。

ウィトゲンシュタインは、第一次大戦に際して、オーストリアのために自ら志願して前線へ行った。これは彼にとって愛国的で倫理的な行動だったといってよいだろう。祖国の戦いにおいて何らかの意味で愛国的行動をとることは、彼にとっては倫理的な意味を帯びた行動だったことはまず間違いあるまい。

一方ラッセルは徴兵拒否をした。彼は「良心的徴兵拒否」を唱えて徴兵を拒否した。これもラッセルからすれば倫理的な行動であったかもしれない。少なくとも、「良心的」と掲げている限り、本心はともかく倫理的な装いを持っている。

これはウィトゲンシュタインとは対照的な行動であった。だが情緒主義からすると、ラッセルもウィトゲンシュタインもともに、単なる彼らの好みを反映した選択をしたに過ぎないということになる。ウィトゲンシュタインは、ただ愛国的で好戦的だったから、その好みの反映として自発的に志願兵となり、ラッセルは戦争が嫌いだったから徴兵を拒否した。そういう話にしかならない。

リベラリズムの根底に流れる情緒主義と実証主義

これはいかにも的はずれで浅薄な理解であることはいうまでもなかろう。だが、現代のリベラリズムからすればそのようにとらえざるを得ない。倫理や道徳や宗教についての客観的な価値基準は存在せず、ある行動が道徳的で、ある行動は非道徳的である、といった価値判断ができないとなれば、すべてが主観であり、その人の情緒や趣味の反映とみなすほかなくなってしまうであろう。

だが、まさにそこに、自らの欲望や好みに従ってある行動を選択するという「選択の自由」というリベラリズムの決定的な観念も浮上してくるのである。「選択の自由」とは、その人にしかわからない主観的な情念や欲望を実現するための条件だからである。

かくして、現代の自由という考え方の基底にあるものは、何よりまず、価値についての主観主義もしくは相対主義であり、その帰結としての情緒主義ということになる。

そして注意しておいてもらいたいのは、このことは、実は、ものごとの客観性や普遍性を重視する現代の実証主義精神の帰結でもあるということなのだ。事実についての実証主義を重視するあまり、価値というあいまいなものについては実証主義は妥当しない。そこでそれは客観性を持たないとされた。こうして、事実についての実証主義と価値についての情緒主義が結合したのである。

現代では、情緒主義と実証主義は必ずしも対立するものではない。むしろそれは補完的というべきなのである。現代においては、一方で、事実の客観性ということがことさら強調されると同時に、他方では、価値の評価や判断についてはきわめて情緒的となる。

その典型をわれわれは現代のジャーナリズムに見て取ることができよう。

現代のジャーナリズムは一方で事実を重んじる。事実に基づく報道の客観性ということをことさら強調する。しかし同時に、ある事柄について当然独自の主張を持つ。だが、事実から主張（判断）はそのまま導き出せるわけではないので、主張のほうは、どうしても情緒的とならざるを得ないのである。

特に大新聞の場合、事実の報道だけではなく、主張を展開せざるを得ない。しかし、厳密な意味で、主張には客観的根拠などというものは存在しない。だからいきおい主張は情緒的なものとなる。たとえば、二〇〇三年三月のアメリカのイラク攻撃後のイラクの混乱において、自衛隊を派遣するか否かという場合、賛成、反対、どちらも決定的な論拠を示し得ない。そこで、賛成側は派遣しなければ「国際的に面子が立たない」といい、反対側は「戦争協力には断固反対する」というほかない。どちらもただ情緒的な反応に過ぎないのであり、それぞれの情緒（心情）を唱えたに過ぎないのだ。

こうして、リベラリズムの支配する現代では、価値の問題は、どうにも調停不能となる。「TVタックル」という政治社会についての討論番組があるが、これに限らず、政治や社会問題についての討論番組がほとんど例外なくショウ化され、しかもほとんどが罵倒の応酬の「タックル・ショウ」とならざるを得ないのは、視聴率目的のテレビ局の戦略でもあるが、その前に価値の判断は主観的で情緒の反映だとする情緒主義が前提となっているからである。

時には、司会者が大声を張り上げて強引に議論を打ち切ったり、ある結論へ番組を誘導したりする。ここで冷静な議論がなされ得ないなどと嘆いてもいたし方ないのであって、これこそが価値判断についての情緒主義という現代社会の姿そのものというほかない。そしてその言い訳をするかのように、同時に事実をことのほか重視する実証主義がその裏面となっている。

こうして、現代のリベラリズムの特質を最も典型的に示しているのは、自由な言論にかかわる仕事、すなわちジャーナリズムであり、テレビの討論番組であるということは、現代の「自由」の質を考える上で、まさに象徴的な光景を提供しているのである。

こうした事態を生み出したものは、もともとは事実の領域と価値の領域の峻別にあった。事実の領域は実証主義であり、価値の領域については自由選択であるとしたこの区別は、もともとカントが引いた区別、事実にかかわる経験の世界と意思にかかわる倫理的世界の区別から始まり、マックス・ウェーバーや新カント学派による、事実と価値の峻別といったこととともかかわっている。つまり、近代的精神のひとつの発露なのであった。

こうして、実証主義と情緒主義というこの奇妙な組み合わせこそは、現代社会そのものの大きな特徴となった。そして、それこそが、現代ではジャーナリズムが最も人気のある仕事であり、また大きな影響力を発揮できる理由でもあるのだ。

「自由な個人」の誕生

もうひとつ、実証主義と情緒主義の組み合わせが現代のリベラリズムにもたらしたものがある。それは個人主義であり、主体としての個人という観念だ。

リベラリズムはあくまで個人を基本的な単位とみなす。それも、この実証主義という近代思想と深い関係を持っている。言い換えると、実証主義と情緒主義の組み合わせの中から、個人というものが主体として出てくるのである。

言い換えれば、何か最初から自由な主体としての個人があるというより、事実と価値の世界の峻別の中から自由な主体としての個人が出てくるとも考えられる。

事実の世界については、世界は客観的に認識できる。科学的な認識が可能だ。しかし、価値の問題については、われわれは個人の主観に頼らざるを得ない。価値はあくまで個人の主観だから、価値にかかわる事柄はあくまで個人の主観的な判断に任せるほかない。そしてここに、選択する主体としての個人という観念が生み出される。価値を選択する主体としての個人というものが正面に出てこざるを得ない。

こうして、リベラリズムが当然の前提としている「自由な個人」という観念が成立するといってよいだろう。あらかじめ自由な主体としての個人が存在するのではなくて、「事実の実証主義」と「価値の主観主義」という近代的な議論の組み立て方の中から、自由な選択の主体としての個人の観念が必然的に出てこざるを得なかったということなのである。

カントがおこなった、「事実の領域」と「価値の領域」にかかわる区別から近代的な認識が始まった。近代的な科学もそこではじめて可能となった。事実の領域の客観性に基づいて、近代的な科学は、宗教や呪術的なものを批判した。だが、宗教や倫理に含まれている価値は検証できなかった。こうして、事実の問題と倫理の問題は異なった世界に置かれることとなったわけである。そのとき、自然法則に従わない倫理や価値の問題は人間の選択に委ねられ、ここに近代の「自由」の基礎ができる。その結果が、価値を選択する自由な個人から出発する現代のリベラリズムに行き着いたといってよいだろう。

論理主義、実証主義批判と「言語ゲーム」

ところでウィトゲンシュタインは、『論理哲学論考』を書いてから二十七年後の一九四五年に『哲学探究』(第一部)を脱稿する(公刊されたのは死後の五三年)。これもまたケンブリッジから離れて(さらに彼は、第二次大戦においては、今度はイギリス国民として兵士などを手当てする病院勤務を志願していた)、またもやノルウェーに引きこもって書いたものであった。ここで、彼は、二十七年前の『論考』を批判し、それとは異なる言語哲学の構想を打ち出す。『論理哲学論考』の基本的な考えは、哲学は、可能な限り世界について論理的で明晰に記述することを目指すというものであった。そこで、名辞は、正確に対象(事物)を表示し、命題は、事物の複合である現実のある種の事態を示すものだとされていた。つまり、世界の事物や事態は、それを示す名辞や命題に対応しているということが基本的な出発点になっていた。これが世界を明晰に記述することであった。

ここでは言語は論理的な形式を踏襲し、しかも、ゆらぐことなく事物に対応するいわば理想的なものとされている。言葉は、結局のところ数学の論理演算のような論理形式に還元できると彼は考えていたわけだ。だから最終的に確かな事物に対応しないようなものごとについては、そもそも語り得ないのであった。

だが、二十七年後の『探究』でウィトゲンシュタインは、以前の彼の立場を大きく修正する。実際には、論理形式に還元できるような理想言語など存在しない。命題と事態が正確に対応することなどあり得ない。したがって、その結果としての、「語り得るもの」と「語り得ないもの」の区別も正確なものではあり得ない。

こうした自己批判の結果、彼は、日常言語へ戻ってくる。「ざらざらした大地へ戻れ」という。ざらざらした日常の大地で彼が見出したものは、多種多様なそのつどの規則によってなされている、あたかもゲームであるかのような会話であった。それを彼は「言語ゲーム」と呼んだ。

「言語ゲーム」では、事物と名辞の対応、命題と事態の対応、といったことはもはや問題とはならない。世界は明晰な理想言語で記述されるものではない。また、世界とその外側との境界、すなわち「語り得るもの」と「語り得ないもの」の境界も問題とならない。すべてが、まずは、具体的な現実の中で、語用の規則に従ってやり取りされる言語ゲームだという。

これは、論理実証主義への強い批判である。ここでは、ウィトゲンシュタインのいう「語り得るもの」と「語り得ないもの」の区別を、「事実命題」と「価値命題」の区別としてきた近代の実証主義の無効が宣言されている。われわれの日常生活の中では、それらは厳密に区別されているわけではない。ただ、その両者の従う言語ゲームの規則が異なっているのである。「ざらざらした大地」としての世界を構成しているものは、「事実」や「価値」についての多様な判断の融合であり、それらをうまく弁別などできるものではないのである。

「事実」については客観的に記述でき、「価値」については主観的な選択の問題である、という単純な二分法は現実の中では何ら意味を持たない。われわれは、日常生活の中では、その両者を常に行き来する。両者の間にある、ある種のゲームの規則を区別しながら、その両者を常に重ね合わせてさえいる。時にはあるものごとを「事実」として認識するためには、そもそものものごとこそが大事だというある種の「価値」が負荷されていなければならない。たとえば歴史の膨大な「出来事」の中からある事柄を「事実」として取り出すには、そもそもその事実へある特定の意味を与えるという「価値負荷」があらかじめなければならない。

こうなると、「価値」の判断は主観的で相対的で、「事実」の記述は客観的などと容易にはいえなくなる。また、「自由」も主観的な「価値」の選択であるとは簡単にはいえなくなる。主観的な価値の自由な選択とみなされているものも、実は、ある特定の規則に従った言語ゲームだということになろう。自由な選択もまたある種の規則に従っているとすれば、その規則とは何なのかが問題となるだろう。

だが、ここで、これ以上この方向で議論を追ってゆくことはやめよう。ここでは、晩年のウィトゲンシュタインが、その初期の、論理主義、実証主義的な立場を大きく変えてしまったことを認識しておけば十分である。晩年のウィトゲンシュタインの思索の後を追うことにも興味は残るものの、それもここでは論じない。

最晩年に彼は、ケンブリッジ大学を辞すやいなやアイルランドに移り住む。その後、アメリカへ旅行をし、またノルウェーに渡って数週間を過ごす。病魔に冒された彼はその後もノルウェーへ渡る計画を持ちながらも、結局、それを果たせずケンブリッジで死ぬことになるのである。常にケンブリッジから離れようとしつつも、最後はケンブリッジに引き戻されてしまうというのがウィトゲンシュタインの人生であり、また彼の哲学であった。

第4章　援助交際と現代リベラリズム

1　リベラリズムはなぜ援助交際を認めるのか

「何をやっても個人の自由」

またひとつ具体的な事例から始めよう。

一九九〇年代の終わりに、女子高校生によるいわゆる援助交際が問題となったことがある。これは「自由」を論じる事例としてはいささかつまらないケースではあるのだが、現代日本における自由というものの位相を知る上で象徴的なケースとなっている。

ここでも、この事例が著者の関心を引くのは、援助交際そのものではなく、ある社会学者が女子高校生の「援交」を支持したという点にある。そして援助交際自体よりも、それを支持する言説のほうが物議をかもした。

ここで重要なことは、現代の個人の自由の観念から出発すれば、援助交際を道徳的に批判する確かな理由はない、ということである。現代の自由擁護論の代表を「リベラリズムの立場」（それについてはまた後で述べる）といっておけば、リベラリズムの立場からはこのことを批判はできないのである。

現代の「自由」についての標準的な合意は次のようなものだろう。人は、他人の干渉や強制を受けずに自分の意思である目的を追求することができる。その人なりの「善き生き方」を追求する権利である。この権利は、基本的に他人や社会に対して深刻な害を及ぼさない限り、原則的に尊重されるべきである。要するに、他人の迷惑にならない限りで、個人の選択、個人の意思は最大限に尊重されるべきだというのである。

この場合、この個人がいかなる意図を持っていようが、いかなる好み、あるいは欲望を持っていようが、その人の「善き生き方」の内実が他者にはわからない以上、それが他人の迷惑にならない限り肯定されるべきだという。他人の迷惑にならない限りというのは、別の言い方をすれば、他者の同様な自由への権利を侵害しない限り、ということだ。

すなわち、「何をやっても個人の自由」が原則だが、それに歯止めをかけるものは、「すべてのものが平等に自由の権利を持つ」という点にあり、個人の無条件の自由といえども、この制約条件を破ることはできない。これが、現代の自由の考え方である。リベラリズムも、ひとまずはこの現代の自由論を共有しているといっておこう。

その立場からすると、援助交際を当然リベラリストは認めなければならない。むしろ、リベラリズムの立場によってこれを批判することこそが難しいのである。

リベラリストと「常識」のギャップ

しかし、それにもかかわらず多くの人が「やっぱりこれはまずい」と考えるだろうし、たとえ確固たる理由を述べることが難しくとも、「困ったものだ」と考える。援助交際が「善き生き方」だとは、まず誰も思わないだろう。

そうすると、リベラリズムを奉じる思想家や学者と一般の人々の間に大きなギャップが開いてしまうことになる。学者というある種の特権的立場にある一部の知識人と、多くの人々（仮に大衆と呼んでおこう）の心情の間に大きな隔たりができてしまっている。リベラリズムの主張そのものが一般的な常識から大きく離れてしまっている。これはやはり無視し得ない事態である。

だがどうしてそうなったのだろうか。どこに問題があるのだろうか。

援助交際を支持するリベラリストと、一般的な「常識」の間を隔てているものは何なのだろうか。それは、「個人の自由な選択」という観念である。リベラリストは「女子高生が自分で選んでやっているからいいじゃないか。別に誰に迷惑をかけているわけでもないではないか」という。「個人の自由選択の原則」からすればそういわざるを得ない。確かにこれは当然のように聞こえる。「善き生き方」が個人の自由選択に委ねられる以上、そういわざるを得ない。

しかし、本当にこれは「個人の自由な選択」といえるのだろうか。そもそも「個人の自由な選択」とは何を意味しているのだろうか。

実際には、女子高校生にも、たいていの場合、家族がいるだろう。このとき、彼女の親は「娘は主体的に自分でものごとを決めて自分でお金をかせぎ自立しようとしている。りっぱなものだ」などと果たしていうのであろうか。

むろん、多くの場合、女子高校生たちは、親が悲しみ激怒するだろうことを知っている。ではその上でなおある価値を選び取り、自立した意思決定をしているのだろうか。これもそうではあるまい。

むしろ、多くの場合、家族の中で自分は疎外されている、自分は適切に扱われていないという鬱積した感情が底流にあるのではなかろうか。まず、家族やら学校などへの反発がある。そして、その上で、おそらくは、彼女が属している独特のグループがあり、そのグループの中では援助交際がむしろ積極的に価値付与されている。要するに、この「連れ」と呼ばれる仲間集団の準拠価値に従っただけである。こう解釈することもできよう。

そうなると、彼女が自立的・自発的に意思決定をしていると簡単にいうことはできない。しかし、リベラリストは、この意思決定が誰によっても強制されてはいない、他者の介入を受けてはいない、という理由で自立的で自発的なものだとする。

確かにその通りだ。強制はされてはいない。しかし、強制はされていないからといって自立的で自発的だということにはならない。彼女の「生き方」も彼女が個人として自立的に選び取っているともいいがたい。むしろ、彼女の選択は、家族、学校、友人、「連れ」といった集団の影響を強く受け、その集団の間の関係によって決められているといわねばならない。

人間の意思決定は、いかなるものであれ、さまざまな関係構造の中でなされる。これは社会生活の常態である。「常識」はそこから出発する。「個人の自由な選択」などというものは厳密な意味ではあり得ない。一方、リベラリズムは理念化された世界へ現実を押し込んで解釈する。ここに大きな隔たりができる。

確かに次のように言うことは可能だ。リベラリストは、決して、個人主義そのものに価値を置くわけではない。個人がそれぞれ孤立して生活しているなどという非現実的な世界を想像しているわけではない。彼らは、個人が家族や学校、その他のさまざまな集団の中で生活していることを十分に認めている。その上で、個人が最終的にどの価値を中心に据えるのかは個人の選択だとみなすのである。家族を大事だと考えるのか、学校が重要なのか、「私」だけが大事だと考えるのか、それはあくまで個人の選択だという。

「個人の自由な選択」は本当にあり得るのか

だが、人は、本当にそんな選択をしているのだろうか。実際には、家族や学校や会社やといった複数の集団にあらかじめ属しており、そのまさに「属していること」が、さまざまな心理的葛藤を呼び起こして、結果として、ある選択をしたかのようにみせてしまうのではないだろうか。人は、それらの「関係の構造」の中で、結果としてある行動を起こしてしまう、というべきではないだろうか。

「私」にとって、「家族」と「私自身」とどちらが大事なのか。「学校」や「企業」という集団生活は大事なものなのか、組織に属する生き方と「自由人（フリーター）」の生き方とどちらがよいのか。こうした問題に対して、本当に「私」に「自由な選択」ができるとは考えにくい。

さらに、もしある生き方と価値を選び取らざるを得ないとしても、それを判断するための価値はどこから手にしたのだろうか。おそらくは、そのいっそう高次の価値は、「私」のそれまでの経験、家族との関係、学校や企業での生活、といった「社会性」の中で作り出されてきているというほかなかろう。とすれば、「自由な選択」と見えているものも、実は、「私」の生きてきた経歴、経験、人間関係、社会的ポジションなどによって大きく影響されているのである。

だが、リベラリズムはそうは考えない。仮に意思決定の内容が、それまでの生き方や人間関係によって影響されているとしても、そのことはさしたる重要性を持たない。重要なのは、個人の選択の独立性、他者からの不介入性が保障されているかどうかである。「私」がどのように生きてきたか、どのような人生の見方をしているかは、ここでは二義的な意味しか持たない、という。

ここにリベラリズムの最も重要な特質があらわれている。つまり、リベラリズムの立場は、どういう生き方をしてきたか、またどういう人生を送るかということよりも、そのつどの状況で、個人が自由に選択できるという条件を確保することのほうが優先されるべきだとみるのだ。あるいは「人の生き方」は評価し得ないがゆえにこそ、それを自由に選択し得る条件の方を重視する。

援助交際の女子高校生がその後どのような人生を送るかということは、リベラリズムとは関係のないことである。そもそもそんな将来など予測もつかない。また、どういう生き方に価値があるかということは第二義的な問題で、それは彼女自身の問題だ。それはリベラリストが関与する問題ではない。いったい誰が彼女の人生に対して前もってある意思を押し付けることができるのだろうか。個人の主観に属する事項はその個人へ返すべきである。リベラリストはこのようにいうであろう。

重要なことは、彼女の主観の属する人生のイメージについて他者が介入することではなく、彼女の、活動を選択するという自由を認めることだ。自由に対する権利のほうが優先されるべき事柄だ、という。

そこから、リベラリズムは、彼女が大学へ進学するかどうかを決定する自由を認めるのと同様に、援助交際をするかしないか決める自由も認めようというのだ。リベラリズムが関与するのは、自由な選択の機会を与えるという面だけで、彼女の生のあり方ではないからだという。だが、ここで、自由な選択の機会を保障することで、すでにリベラリズムは十分に彼女の人生に関与しているのである。

2 現代のリベラリズムとは何か

自由を考えるときの三つの柱

さてここで少し、現代の「リベラリズム」の基本的な立場について論じておこう。

近代社会の「自由」の意味が、まずは、他者からの拘束や介入を受けずに自ら意思決定できる、という点にあることは繰り返し述べてきた。

現代のリベラリストの代表格であるジョン・ロールズも「自由」を次のように定義する。

ある事柄をするようにという、もしくはしてはならないという、ある種の制約から逃れているときに、人は自由（free）であり、この制約に縛られているとき、人は自由ではない（not free）。

（『正義論』一九七一年）

これが「自由」の一般的な意味だという。この理解は、行動をするのに障害のない状態として自由を定義したホッブズの定義と本質的に同じことである。

そして、この定義から、現代の自由をとらえる場合に、それがよって立つ基本的な柱として次の三つのことがあげられる。

ひとつは、前章でも述べた価値についての主観主義だ。あるいは価値の相対主義といってもよい。二番目は中立的な国家という観念である。そして三番目に、自発的な交換というべきものがある。これはまた、自発的な契約といってもよい。

この三つは「自由」という観点から見た現代社会の基本的な価値観といってもよいだろう。そしてそれは「制約のない状態としての自由」という近代的自由観念に基づいて想定されるものである。

第一の「価値についての主観主義」は、前にも述べたように近代的な合理主義的認識の帰結として出てきた。それは、命題を、論理の整合性や事実との符合によって合理的に判断できるものと、そうした検証のできないものに区別する。その上で、実証的に検討できる客観的な事実命題と、それのできない価値命題を峻別する。そして、価値についての判断はあくまで人によって異なる主観的なものだとみなす。価値についての判断は、人々が完全に合意できる客観的で普遍的なものは存在しない、というのである。

ところがこの主観主義から次のような考え方が出てくる。

ある価値が正しいか間違っているかの客観的基準は存在しない。つまり、ある人がある価値に従ってある行動をとることが正しいかどうかは誰もいうことはできない。とすれば、ある人がある行動をとるべきか否かは、あくまでその人の自由な選択に任せるほかなかろう。どのような価値に従うかは、彼の自由な選択に任せるべきであり、それ以上の原則は存在しない。

たとえば、「今日は六〇パーセントの確率で雨が降るだろう」と想定されている。これは一応それなりにデータを集めて解析した結果で、事実に関する命題といってよい。だがこの命題と、「傘を持って外に出るべきである」という命題はまったく違っている。前者から後者を導くことはできない。これは前にも述べた通りである。六〇パーセントの確率をどのように解釈するかは、彼の経験と価値の問題となる。どちらの行動が正しいなどということはいえないのであって、問題となるのは、ただ、彼が自分の意思でいずれかを選択できたか否かだけである。

こうして事実命題と価値命題の峻別、言い換えれば実証主義という近代的精神の結果として次のことが帰結しよう。

それは、「傘を持って出ることがよいかどうか」よりも、「彼がそれを自ら選択できたかどうか」のほうがいっそう重要だということだ。これは重大な帰結である。そして、現代のリベラリズムのよって立つ基礎もまさにここにある。

価値に対する正義の優位

ここからロールズの次のようなアイデアまではもう一歩である。それは、「価値に対する正義の優位」というリベラリズムの基本命題だ。

「価値」とはこの場合、個人のそれぞれの生き方やものごとの判断の基準である。これを「善についての構想」といってもよいだろう。ムーアが述べたように、「善（good）」は客観的に定義したり表明したりできない。それは、人それぞれの生の中で実践されるほかない。

とすれば、「善」について良し悪しをいうことはできない。より重要なことは、いかなる善を人々が持っていようとも、その内容から独立に、それらの善を選び取る自由は保障されなければならない。人々の多様な善とは独立に定義され、その基底にあるルールを、ロールズは「正義（justice）の原理」と呼んだ。ロールズは正義の原理として二つのルールをあげているが、基本になるのは、人々の間に平等な自由が保障されるということなのである。

こうして、「価値（善）に対する正義の優位」がリベラリズムの基本的立場を端的に主張するものとなる。さらにここで、人々の間での平等な自由の保障を「自由の権利」といっておくと、「善に対する正義の優位」は、また、「善（good）に対する権利（right）の優位」と言い換えてもよい。

すなわち、人生の価値や生活の信条、宗教的信仰、政治的イデオロギー、道徳観などといった価値がいかなるものであろうと、その内容の優劣や妥当性よりも、それを自分で選び取る自由への権利こそが優先されるべきだということである。

ただ少し注意しておくと、リベラリストといえど、決して、価値や善の問題が矮小《わいしょう》だとか取るに足りないといっているのではない。それどころか、人は、ある価値を奉じるとき、どうしてもその価値を絶対的に正しいと思いがちである。宗教や政治的信条、思想やイデオロギーを考えてみればよいだろう。こうして、価値の競合、価値の相克が生じるがゆえにこそ、いかなる価値に従って生を組織するかは彼の選択に任されるべきだというのである。

だから、ここでは、本来、バーリンの価値の「多元性」が前提とされている。価値は相互に容易には調停できないからこそ、多元性から出発しなければならない。人は、それぞれなりに「善く生きる」価値がある。自分の「善き生」を実現しようとする。だからこそ、多様な「善き生」を相互に認めあうようなルールが必要となる。相互の「自由」についてのこのルールこそが「自由な社会」の基礎だ、というのがロールズのリベラリズムである。

中立的な国家

さて、この価値についての主観主義、あるいは「善に対する正義の優位」から次の二つのことが出てくる。それが、第二の「中立的な国家」という要請と、第三の「自発的交換の論理」である。

二つ目の「中立的国家」とは、価値の領域に対しては国家は介入しない、ということだ。この要請は、価値や善が多様で、主観的なものだとするリベラリズムからすれば当然のことであろう。国家は個人の生き方や価値観には関与しないのであり、たとえば明治時代の教育勅語のようなものは間違っているということになる。

むろん、国家がすべての価値に対して中立的であるということは、厳密にはあり得ない。たとえば、自由や民主主義、そして、基本的人権なども近代の「価値」であり、近代国家はこれらの価値は積極的に掲げるべきことをリベラリズムは唱えるからだ。また、いかなるリベラリズムの国家といえども、人々の生命・財産の尊重は決定的な価値とみなしている。ここでも国民の生命・財産に第一義の価値を置くという点で国家は価値中立的ではあり得ない。

この点はまた後に述べたいのだが、この意味では、リベラリズムの構想する国家も本来は決して中立的ではあり得ない。ただ、リベラリズムは、自由への平等な権利は基本的な「正義」に属することで、これは生き方にかかわる「善」とは違う、という。国家が中立的なのはさまざまな「善」についてだという。

だが「善」についてでさえ、次のような問題は出てくるかもしれない。国家は常に意思決定を行う。言い換えればある政策を選択する。この選択において特定の価値が選ばれる。たとえば、福祉国家の建設というのはひとつの政策選択であり、同時にある特定の価値の選択になっている。新自由主義的な市場競争的政策を選択することはまた別の価値の選択を意味している。

ここで国家はある価値を公然と掲げることとなる。その意味ではいかなる国家も価値中立的ではあり得ない。ただ、この場合にも、政策決定のプロセスに対してあらかじめある特定の価値が前提とされ強制されているわけではない。また、それらの政策決定の最終的判断者は国民（市民）であり、彼らの意思表示に対して特定の価値があらかじめ想定されているわけではない。

リベラリズムがいう中立的国家とは、この政策決定プロセスにおいて特定の価値を国家が想定しないということであり、また、その帰結として、特定の価値（善）を公共的、国家的なものとしては掲げない、ということだ。だから、たとえば、特定の宗教の国教化や支援はリベラリズム国家の原則と相反するのである。

自発的交換の論理

第三に、これも主観主義の帰結であるが、個人の社会的活動は、基本的に個人と個人の間の自発的な相互作用としてなされるべきだという考えが出てくる。人と人との間の社会関係は、基本的に個人の自発的な契約、自発的な取引としてなされるということだ。それをここでは「自発的交換」と呼んでおこう。社会的活動は、他者から強制されたものではあり得ないのである。そして、自発性が決定的だとみなされることは、いうまでもなく、人々の「善の構想」は人それぞれ異なっているという「善の多様性」という考えを前提としている。

この自発的交換という考えを最も典型的に実現しているのは市場経済である。したがって、現代のリベラリストは、多かれ少なかれ、基本的には市場経済を擁護する。

この点ではフリードリヒ・A・ハイエクは最も徹底的な市場経済の擁護者であって、彼が市場を擁護する最大の理由は、それが、多様な個性や多様な好み、多様な人生観を持ったさまざまな個人に対して、公平なルールに基づいた自由を与えるからだという。

人々が何を欲しているかは多様であり、かつ人々の主観に属するがゆえに、何をどれだけ生産するかをあらかじめ決めることはできない。市場とは、この「何をどれだけ生産すればよいか」を、ごく限られた情報に拠《よ》りながら自動的に見出してゆくプロセスなのである。社会主義の計画経済にはこの自動的なプロセスが存在しない。ここに自由主義経済の、社会主義に対する優位がある、とハイエクはいう。

以上三つの事柄が、現代のリベラリズムの柱になっている。繰り返しておくと、(1)価値についての主観主義、および、「正義(自由の権利)」の「価値(善)」に対する優位、(2)中立的国家、(3)自発的交換、の三つの柱である。この柱を前提にして言い換えれば、現代のリベラリズムの立場は、基本的に個人の価値の多様性を認め、それを尊重する、そのためには、「自由への平等な権利」という正義の原則がまずは確立していなければならない、そのもとで、国家は中立性を守るべきであり、また諸個人の主要な社会的行為は個人の自発的な交換としてなされるべきだというのである。

3 なぜリベラリズムは力を持たないのか

リベラリズムと近代自由観念の違い

この現代のリベラリズムは、「自由」についての、唯一ではないが今日の代表的な立場である。ただ、あくまで「アメリカ的」もしくは「アングロサクソン的」という限定をつけておいたほうがよいかもしれない。

それは、「拘束からの自由」「抑圧からの解放」という近代の入り口で人々を高揚させた自由、あるいはファシズムとの戦いで人々を鼓舞した自由とはかなり性格を異にしている。それは近代の自由観念の延長上にありながらも、かなり異なったものとなっている。

そして考えてみれば、ここにいささか奇妙な事態が展開されているともいえるのではなかろうか。

というのも、人間は何らかの強い拘束や抑圧を感じるときには、「拘束からの自由」を強く求める。バーリンのいう「消極的自由」をきわめて積極的に求める。

だが、ひとたび、「拘束からの自由」がおおよそ実現し、自由の内実が、現代のリベラリズムのいうように、多様な主観的価値の共存のための条件、といった次元になると、「自由」はそれほどの切迫さも切実さも持たなくなってしまうのである。

この章の冒頭に援助交際の例を出したが、このいささかつまらない事例が、それにもかかわらず興味深いのは、現代の日本では、リベラリズムの問題領域は、このような事例にまで及んでしまっていることを示しているからだ。

リベラリズムの立場からすれば、法的な問題はともかくとして、この行為を原則として批判できない。それは、主観的な価値（善）に基づいた「自発的交換」であり、国家は特定の道徳や生の価値に対して中立であるべきだとすれば、誰もが援助交際を批判する権利はない。

そして繰り返すが、こうした考えは、多くの人がもつ「一般的通念」からはとても支持できないのである。

どうしてこういうことになってしまったのだろうか。改めてそのポイントを述べておこう。

「価値」とは何か

リベラリズムは、世界には多様な価値があり、そのどれにつくかは個人の主観の問題だという。この議論の歴史的背景には、もともとヨーロッパにおける十六世紀以来の宗教戦争、宗派対立があった。血みどろの殺戮《さつりく》が延々と続く宗教戦争の中から相互の信条に対する「寛容の原理」としての「自由」の重要性が説かれるようになる。バーリンが「……からの自由」の重要性を説いたのも、宗教戦争のような価値や信条の果てしなき争いを背景においてのことであった。

だが、「価値」とは何か。それは、人がその生を委ねてもよいとする超越的な規範性にほかならない。それは、もともと個人の主観性や趣味や日常的な利害を超えた次元を持っている。「価値」は本質的にそれ自体の普遍性や妥当性を要求するような面を内包しているのである。

その点で、「価値」は、個人の「嗜好」とか「利害」とは異なっている。何を「趣味」や「嗜好」とするかはある程度、その人の主観といってよいだろう。何を「利益」とみなし「損害」とみなすかも、ある程度その人の主観といえよう。しかし、「価値」は本質的に個人の主観を超えた次元を持っている。ある「価値」に基づく行動は、常にその社会的な「妥当性」を求める。

むろん、私が、何の目的もなく町を歩き、レストランに入り、映画を観て、ちょっとした会合に参加するといった行為は、いちいち社会的承認を得ているわけではない。その理由は、これらの行為が当然是認される「市民的行為」だとみなされているからだ。だが、ある種の全体主義的社会では、この種の何の意図もない「市民的生活」さえも社会的是認を得ることは難しいのである。

援助交際の事例が奇妙な理由も、こうしたことを考えれば、かなり明快になるのではないだろうか。

援助交際は、あくまである特定の行為に示された価値の問題なのである。だからそれは、本質的に社会的な問題である。それはただ主観の問題というだけではなく、それを超えた社会的普遍化、妥当性要求をはらんだ問題なのである。だから、この問題を、「それは個人の自由であり、自己責任だ」とするわけにはいかない。

価値の問題は常に妥当性要求を内にはらんでいる。とすれば、それは、たとえ暗黙であっても、社会的な承認を得なければならない。もっとも、通常、この承認はいちいち検査されたり審査されるものではない。では、そこで、暗黙の承認を与えるものはいったい何なのか。それは、多くの場合、その社会の「慣習（custom）」であり「常識（common sense)」なのである。

もしも、ある社会で歴史のうちに作り上げられてきた「慣習」や「常識」が崩壊するか、意図的に破棄されたとしたら、誰かがその承認を与えなければならない。全体主義においては、それは国家が独占する。宗教社会では教団や宗教者がそれを独占する。

では、自由な社会ではどうなのか。リベラリズムは、それは諸個人の自由な選択行為に委ねるという。しかし、それは無理なことだ。「価値」とは、それによって社会へ働きかけ、その行為の意味を社会的に妥当させようとする準拠となるものだからだ。「価値」の選択とは、自分の生き方や自分の信条を社会に向かって表現し、その妥当性を訴えることなのである。「価値」の選択とは、個人の主観を超えて出てゆき、社会において是認を得ようとする試みにほかならない。それは個人の「嗜好」や「利害」とは本質的に異なっている。

だがまた、「価値」は、こうして社会（人々）の是認を得る試みであり、それにもし失敗すると、その人の人生そのものが取り返しのつかないことになりかねない。そしてそうである限り、「価値の選択」は、あくまでその個人が自己の責任でなすべきなのである。その選択を強要されるわけにはいかない。

そして、その選択において重要な規範的基準を与えるものが、その社会の「習慣」や

「常識」である。ある選択が、社会の「慣習」や「常識」に反することは十分にあり得る。ある行為が、社会の「慣習」や「常識」と衝突することはいくらでもあり得る。ただ、それを、あたかもそこに何の衝突も生じないかのように、「価値は主観的であって、それは個人の嗜好を反映しているだけだ」といってあらかじめ論議も衝突も回避してしまうのは間違っている。

「非常識」な選択は、良かれ悪しかれ、ある社会の持っている「慣習」や「常識」、すなわち広い意味での「共通感覚」との衝突であり、この衝突の中からまた新しい規範や生活のモデルができてくる。それを「人それぞれ」としてしまうわけにはいかないのである。新たな規範ができるということは、それが新たな「慣習」や「常識」となるということだ。だから、いずれにせよ、自由な社会には、どうしても「慣習」や「常識」がなければならないのである。さもなくば、社会は全体主義かアナーキズムかのいずれかに陥ってしまうのだ。

価値の相対主義の帰結

リベラリズムの「善(価値)」と「権利(自由)」の区別、「善の主観性」という定式化が間違っているのは、それが、「価値」も「嗜好」も「利害」もすべて区別せずに主観的と一括してしまったからである。確かにそれらはすべて、主観的といえば主観的なのである。主観的な選択に委ねる以外にない。

だが、そのことの意味は、「価値」の場合と、「嗜好」や「利害」では大きく異なっている。「価値」にかかわるということは、行為の社会的に生じる意味に関与するということにほかならないのである。

だからこそ、「嗜好」や「利害」ではなく「価値」こそが、その人の人生観やその意味、ひいてはその人の人格性の根本にかかわってくる。そして、実際には、「嗜好」や「利害」も、「価値」からは全面的には切り離せない限り、ある人の「嗜好」や「利害関心」さえも、決して純粋に主観の次元の問題ともいえない。それもまた、ある種の「価値」の表現という側面を持ち、時には、その人の人格そのものの表出とも見られるのだ。

こうして、援助交際の事例が、ある意味でリベラリズムのアポリアをあぶりだしてくれる。それは、「価値」の問題を、あたかも個人の「嗜好」や「利害」の問題であるかのように扱ったからであった。なぜなら、リベラリズムにおいては、「価値」も「嗜好」も「利害」も基本的に区別できないからだ。

これが、前章で述べたムーア主義の帰結であり、論理実証主義の帰結なのである。そこでは、「価値」にかかわる重要な問題を、そのものとして正面から論じることができなくなってしまう。価値の相対主義によって、われわれはいかなる価値につくべきか、といった議論ができなくなってしまう。それは、公共的に論じるべき事柄ではなく、個人のひっそりとした孤独な選択でしかないのだ。

だが、そうなると、そもそもリベラリズムの想定する社会からは「価値」などというものは姿を消してしまう。価値へのコミットメントが持つ社会的な妥当性への言及がなければ、すべては好みの問題に解消されてしまうからだ。しかし「価値」を見失った個人の「選択の自由」などというものは、恐ろしく平板でつまらないものとなってしまうだろう。現代のリベラリズムのコンテクストで「自由」というものの意味が衰弱してしまうのも、もっともなことといわねばならない。

4　古代ギリシャ人にとっての「自由」

「善き生活」の実現

さてここで現代の「自由」観念がいかに近代社会の価値観と不可分であるかということを確認するために、少し視点を変えて古代ギリシャにおける「自由」の観念を見てみよう。

もっとも、古代ギリシャでは、「自由」にあたる言葉は存在しなかった。では、ギリシャには自由はなかったのか、というとむろんそんなことはない。現代における西欧思想が常にそれを参照し、その源泉であると考えるものがギリシャ思想であったとすれば、そこに、自由の観念に対するヒントが存在しないはずがない。

ギリシャのポリスは、よく知られているように、自由民と奴隷から成り立っていた。自由民（市民）のほうがはるかに数が少なく、アテネでも、人口二十万に対して市民は四、五万ほどだったとされている。そこでこの特権的な市民は、奴隷ではないという意味で自由であるといわれたのだった。

自由民という身分を別とすれば、ギリシャには、今日われわれがいうところの自由に正確に対応する言葉はなかった。それに代わってギリシャ人たちが深い関心を持っていたのは、「善い生活」「善い活動」などの「善い」ということであった。

アリストテレスは『ニコマコス倫理学』や『政治学』の中でまさにそのテーマを扱っているのだが、アリストテレスにとって善い生活とは、おおよそ次のようなものである。まず彼はいう。人間は、男と女、子供と大人、主人と奴隷といったような「自然」の区別に基づいて共同して生活するものであり、これが人間の自然の性向である。そこで、家が作られ部族ができる。これらは、「善き生」を実現するために作られた。そして、最も

「善きもの」が国家共同体であり、国家共同体において、人は、共同で、最も善き生活を実現することができる。

したがって、国家は一方で、家族が拡大してできた「自然の共同体」なのだが、同時に、そこには家族にあった血の結び付きはなくなっている。その意味では国家は、人為的に生み出されたものだともいえよう。そして、人間がポリスを作り出すということも人間の自然のうちにあることだとすれば、人間はその自然の性向によって必然的にポリスを持つということになろう。

では、その場合にポリスとは何かというと、これはホッブズがいうような、個人の生命や財産を保全するために契約によって作られた安全保障集団などではない。それは、あくまで人々が寄り集まって「善きもの」を実現しようとする共同体なのである。つまり、人は、ポリスを作ることによって、生命の安全確保を第一義として「ただ生きる」のではなく、「善く生きる」のだ。

それでは、「善」とは何か。「善き生活」とは何か。これがアリストテレスにとっては決定的なキーコンセプトとなる。この中心概念を理解するのはそれほど容易なことではないのだが、おおよそ次のように考えておいてよかろう。

善き生活とは何かというと、さしあたりそれは幸福な生活である。では幸福とは何かというと、幸福とは完全な徳を持って生活すること、活動することとされる。幸福は、物質的な利益や快楽を最大にすることではなく、徳を持って活動する点にある。「人間としての善とは、魂の徳に関しての現実的活動である」とされる。

では徳とは何か。これもなかなか難しいのだが、まずは「卓越性」とみなしておこう。実は、徳も卓越性もギリシャ語では「アレテー」である。たとえば「目のアレテーとは、目の働きを優れたものにし、目をよく見えるようにするものだ」という。同様に「人間のアレテーとは、それによって人間が善いものとなり、人間の働きを善くするものだ」という。ここで「アレテー」は「徳」であり「卓越性」である。徳とは、あることの性格において非常に優れていることであり、それによって「善き生活」を実現できるようなもののことだ。

卓越性とは何かというと、そのひとつの重要な意味は、中庸にある。つまりバランスをとることにほかならない。その場合、人間がある活動をするに際して、彼は自由な意思で選択できるということが前提となっている。中庸が徳(アレテー)であるというとき、その行動は決して強制されたものではない。そして、自由に選択した行為について、自らの意思と力で行為の「中庸」を実現するところに「徳」が出てくる。だから、「自由」と「徳」は、(アリストテレスは述べていないが)不可分の関係にある。

人間は、つい度を過ごし、極端に走ってしまいがちである。欲望を無条件に認めれば、果てしなき快楽主義に身をやつしてしまうだろう。だが、その反動であまりに禁欲的になりすぎるとストア派のように、一生、樽の中で暮らすことを理想だと考えてしまうだろう。だから、両極端にいたることなく、うまくバランスをとることこそが重要となる。

そこで中庸をとることが卓越性を示すことになる。たとえば、放埒《ほうらつ》と禁欲の「中」として「節制」という徳があり、大胆と臆病の「中」として「勇気」がある。傲慢と卑屈の「中」として「矜持《きょうじ》」があり、辣腕と愚鈍の「中」として「思慮」がある。また「配分の正義」とは、過剰と過小の「中」としての「均等」である。これらは重要な徳なのである。

そのうちでも「思慮」という徳は、ことさら大事なものだ。というのも、人間の活動はある目的を持って行われる。ではその目的が本当に「善き生活」のためのものかどうか、それをいったいどうして判断するのだろうか。そこに「思慮」が働かなければならない。つまり徳を実現し、中庸を実現するためには、人間は「思慮」を持たなければならない。活動の意味を、たえず、真の目的との関係で捉え、正しい目的を設定して、そのための行為の「中」を実現するには、どうしても「思慮」が欠かせない。

言い換えれば、人間の行動を導くものは、快楽や利益ではなく、思慮である。それは幸福を求めるものだが、このことは、「幸福とは何か」を配慮を持って思いなすということと不可分なのである。幸福とは、ただいまここにある快楽や愉楽に飛びつくことではないからだ。ここでは多様な可能性やその人の置かれた状況の中で、何をなすのが一番適切か思いなす必要がある。

この意味では、アリストテレスは現実主義者で、中庸とかバランスをとるということは、そのつどそのつどの状況の中で決まってくると考えている。「勇気」にせよ、「節制」にせよ、正義でいわれる「均等」にせよ、それは具体的な状況の中で決まってくるのであって、いわばTPOの中で成立するというわけだ。その意味では、彼は、抽象的で普遍的な徳を想定していたわけではなかった。そして、その具体的な場面がポリスにほかならなかったのである。

個人の「徳」とポリスの結び付き

そこでこういう疑問が生じるかもしれない。アリストテレスは徳（アレテー）を中庸によって特徴づけている。ところで、中庸はまずは、あらゆる種類の活動についていえるであろう。

とすれば、たとえば、われわれは、殺人という行為についても中庸という言い方は可能なのだろうか。「中庸を重んじた、穏やかな殺人」などというものはあり得るのか。あるいは「徳を積んだ強盗」などというものはあり得るのか。

むろん、そんなものをアリストテレスが想定しているはずはない。では、なぜそうした活動はあらかじめ排除されているのだろうか。実は、『ニコマコス倫理学』においても、アリストテレスは、いかなる行動が道徳的であるのか、いかなる行動が禁じられているのか、そして、その理由は何か、といったことについてはほとんど論じていない。

殺人や強盗が許容されないということは最初から明らかであった。「人殺しはどうして悪なのか」などという問いが生じる余地はなかった。

だがそれはどうしてなのか。それは、アリストテレスにとっては、あらゆる意味ある行動は、ポリスの「善き生活」とかかわっていたからである。

そもそもポリスは「友愛」という徳によって結ばれたひとつの集団であった。だから、あらゆる行為は、ある意味でポリスのためのものであり、ポリスの仲間によって評価されるはずのものだった。

徳を持つとは、ただ個人的で孤独な「善」なのではなく、ポリスの「善」と結び付いていた。さまざまな徳の発揮は「友愛」という徳を介してあくまでもポリスに結び付いていた。正義にせよ、勇気にせよ、節制にせよ、ポリスの仲間の中で発揮され、評価されたわけである。

この点では、徳（アレテー）を卓越性（アレテー）と考えてみれば、ポリスと「善き生活」の関係はもっと明確になる。

たとえば、卓越性の説明において、アリストテレスは次のようなことをいう。ハープ奏者がきれいな音楽を奏でることはハープ奏者としての卓越性である。確かに、それは、今日われわれがいうような意味での卓越性、すなわち、ハープ奏者として優れた腕前を持っている、ということであろう。

だが、それがまたどうしてハープ奏者としての徳といわれるのだろうか。それは、そのことによって音楽の聞き手たちが満足し、楽しむことができるからである。ハープ奏者はほかの人を楽しませることができるからだ。ただ優れた技術の持ち主だからではなく、彼の音楽が人々の「善い生活」にとって意味あるものだからなのである。

同じように、靴を作っている職人は優れた靴を作ることによってほかの人を楽しませる。満足を与えることができる。だから、優れた靴職人は、ただ卓越した技術を持っているだけではなく、「徳」を持っていることになる。ここに、徳が卓越性と等値される理由がある。だから、人並みはずれて優れた腕前を持った強盗が、卓越した強盗や徳を持った強盗といわれることはあり得ないのだ。

こうしてアリストテレスの議論を成り立たせているものが何かについて、われわれはある了解を得ることができるだろう。それは、人間は、ポリスの生活において何らかの意味で役に立つものであるし、そうあるはずだ、ということである。その限りで、人は徳を持つ。

このことはまた、ポリスという独特の概念の意味をも明らかにしている。ポリスという生活の形式は、ある目的（善）のもとに、高度に有機的に人々を結び付けており、そこで、人々は、ポリスの中で、一定の役割、機能を果たし、そのことによってポリスの生活に貢献するものだ、という観念がそれである。

これはいずれにせよ、現代のわれわれが、とりわけリベラリズムが想定している国家の観念とは大きく異なっている。アリストテレスは、あくまで、ポリスという独特の世界の中で思考していたのであった。

「私の領域」には自由は存在しない

そして、このポリス的世界にあっては、たとえ「自由」という言葉は使わないにしても、何かそれに相当するものが、ほとんど自明のものとして存在したと思われる。

もし、ギリシャのポリス的世界で、「自由」という言葉を強いて使えば、それは共同で「善き生活」を実現することにかかわる実践といえるであろう。われわれが自由と呼んでいるものは、ギリシャ人にとってはポリスにおける徳の実践であり、「善」なるものの実践であったろう。

仮に「自由」という言葉を使ったとしてもそれは現代のそれとは大きく異なっている。アリストテレスは、個人的な欲望充足や利益追求はほとんど問題としていない。快楽の追求は否定的に理解されている。ここでは、個人の主観的な好みといったものも決して重要な役割は果たしていない。それよりも前にポリスにおける生活というものがまずあった。

これは、われわれのいう「公」と「私」の区別とも深くかかわっていよう。ギリシャでは、「自由」の場合と同様、今日の意味での「公」と「私」という概念は使われていなかったにもかかわらずだ。

ギリシャ人におけるこの区別に大きな意味を与えたのは、ハンナ・アレントであったが、彼女の指摘によると、ギリシャ人にとっては「私の領域」と「公の世界」はまったく異なった原理を持っていた。「私の領域」とは、奴隷を使い、奴隷によって生産をし、生活してゆく、つまり生命を維持してゆく領域であった。主人と奴隷の関係、労働と生命の維持、それが、家族的生活としての「私の世界」であった。

それに対してポリスの生活こそが「公的な活動」であった。「公的な活動」の中心になるのは政治的活動と言論活動、芸術的な作品を作り出し展示することなどが含まれ、それらは、まさに自由人の活動の世界である。ここでは、労働と生産、生命の維持という人間の生物学的な必然から人々は解放されていた。この生きるという生物学的な必然に服さない領域での活動こそがギリシャ人には「自由」だとみなされた。

自然の必然に支配された「私の領域」には「自由」は存在しない。自由が成り立つのは、ポリスのアゴラ(広場)においてのみである。実際、もしギリシャにあって「公」に対応する言葉を探せば、それは「アゴラ」というほかないのである。

ポリスの生活とは政治活動であり、言論活動であり、芸術的活動であった。これらの活動が輝かしいのは、ひとつはそれが生存のための労働という必然性(必要性)から解放されているからであるが、もうひとつは、それが、「私の領域」のような主人と奴隷という支配関係によっては組織されていないからであった。ポリスの市民とは対等なもの同士の平等な関係の世界だったからである。アリストテレスが「友愛」といったのは、こうした対等者の共同の企てをさしていたわけである。そして、ポリスにおける活動こそが「善き生活」を生み出すための実践であった。

いうまでもなく、これはわれわれの現代の考え方と違っている。正反対といっていいぐらいに違っている。われわれは、ギリシャ人が不自由だと考えた「私的な世界」をまさに自由の基礎に据え、ポリス(国家)というギリシャ人にとって自由の領域だったものを、むしろ自由への脅威とみなしている。「私的領域」の生命の維持、財産の保持こそを自由の基礎としているのである。ギリシャ人にとっては、自由とは「公的自由」だったのに対して、近代人にとっては、自由とは「私的自由」となっている。これはバンジャマン・コンスタンが述べた通りなのである。

自由とはポリスに属すること

ギリシャ人が「自由」をあくまでポリス的なものとみなした背景には、ホメロスの時代からの伝統的な考え方があった。仲手川良雄氏の『歴史のなかの自由』(中公新書、一九八六年)によると、「自由な」にあたるギリシャ語は従来「エレウテロス(eleutheros)」という語だとされてきた。

しかし、『イーリアス』の中で使われている「エレウテロス」は、「自由な」というよりも「故郷の」という意味だと、仲手川氏はいう。たとえば「エレウテロスな酒瓶」というような言葉があり、これは「自由な酒瓶」ではなく、「故郷の酒瓶」とすべきだという。

仲手川氏の著作に従って要約的にいえば、もともと「エレウテロス」は、「民族に属する」という意味を持っており、それが「故郷の、土着の」という意味とともに、「わが祖国の」というニュアンスを持った。それが、特定の文脈で「ポリスの」という意味に転化してゆく。

この「エレウテロス」がソロンの改革（BC五九四年）のころに、「高貴な身分」つまり自由人をあらわすとともに、ギリシャ・ポリスを特徴づけるものとしての「自由人」を示すようになってゆく。そして、「エレウテリア（eleutheria）」という「自由」にあたる言葉が現れる。

だが、むろんこの場合、「自由」をさす「エレウテリア」は、まったく現代の「自由」とは異なったものであった。むしろ、それは「オートノミア」つまり、「自立・独立」に近い言葉であり、この場合の自立（オートノミア）とは、「自らの（オート）法によって統治する（ノモス）」という観念をあらわすものであった。この特有の秩序意識こそがポリスを特徴づけるものであり、そのポリスに属することこそが「自由（エレウテリア）」であった。

これから推測されるように、ギリシャ人にとって自由とは、まず基本的にはポリスに属するということであり、ポリスに属するとはポリスの市民であることを意味していた。そしてポリスとは、それ自らの独自の秩序原理を持った文明的な共同体なのである。こうした一種の特権的な意識こそが、ギリシャの「自由」観念の基礎を作っていたといってよいだろう。

5 『アンティゴネ』の意味するもの

「義」という「善」を超えた選択

しかし、古代ギリシャにおいても、ポリス（国家）の「善」は本当に至高のものと考えられていたのだろうか。そもそも「善」の観念はそれほど疑いなく共有されていたのだろうか。このような問いは全く正当なものである。そこで、その点を確かめるために、この章の最後に、ソフォクレスの悲劇『アンティゴネ』を取り上げておきたい。

これは、悲劇的な人生を送ったテーバイの王オイディプスの娘の話である。オイディプス王の死後、彼の息子であるポリュネイケスとエテオクレスが王座をめぐって争い、両者ともに戦死する。

そこで次の王位をおじのクレオンが継ぐのだが、彼は、テーバイにいてテーバイの町を守ろうとして死んだエテオクレスを手厚く葬るが、一方、テーバイに攻め込んだポリュネイケスについては、いっさい埋葬してはならない、泣き悼《いた》んでもならない、というおふれを発する。これに反した者は死罪とするという。

ところがすぐ下の妹アンティゴネは、二人とも自分の兄である、兄を弔うのは当然であるとして、ポリュネイケスを自らの手で葬ろうとする。もう一人の妹のイスメネは、王の命にそむくことはできない、と述べて姉の誘いを断るのである。こうしてアンティゴネは罪に問われ、自ら縊死《いし》する。

『アンティゴネ』の悲劇のあらすじはこういうものなのだが、ここには「おまけ」があって、それは、王の息子の婚約者が実はアンティゴネであった。そしてアンティゴネの死を知った息子も死ぬのである。こうしてクレオン王は自らの決定を恥じ、彼自身も悲劇の中心に置かれることになる。

ここでソフォクレスは、アンティゴネの行動を擁護し、クレオンの決定は思慮の足りない浅はかなものだったと示唆している。王の「思慮」の欠如が悲劇をもたらし王国を混乱に陥れるとソフォクレスは考えている。

これは一体どういうことなのか。

たとえば、現代のリベラリズムの論理からすれば、二人の兄をともに手厚く葬るというアンティゴネは、彼女の主観的な価値に従っただけであり、妹のイスメネは、王の命令に服するという彼女の主観的な価値に従っただけだ。ここには、二つの異なった価値（善）があって、二人は、それぞれ自分に合ったものを選択しただけだ、ということになろう。

そのようにいうことが間違っているわけではない。だが、それはほとんど無意味な言説だ。それではソフォクレスの悲劇の意味をまったく捉えることはできない。

ここでは二つの価値(善)が、あたかもショウウインドウに並んでいるかのように、相対的に並立しているのではなく、どうしようもなく対立しているのである。国の秩序や国の防衛を軸に据えるクレオンの判断にも言い分がないわけではない。イスメネにも言い分はないわけではない。だが、アンティゴネはこれとは違った価値を持ち出す。そして、それらは相互に排他的なのである。

ではソフォクレスがアンティゴネの側に言い分がある、と示唆しているのはなぜか。それは、兄弟を葬るというのは「正義の女神の掟」だからであった。神の掟は国の掟より高次の命令だという。王の命に服するよりも、神の掟に服することこそが本当の「義」というべきものであろう。

これは「善」というより、確かに「義」という言葉で呼びたくなるようなものなのである。共同体の「善」とは少し違ったものであろう。「善」より高次の道徳律であり、むしろ、カントが、それに従うことが「義務」だとみなした定言命法に近い。

ここでアンティゴネの選択は、まったく自由に反する行為なのであろうか。共同体の秩序に反逆し、しかも自らの死を選択する行為は、アリストテレスの観点からも、功利主義の観点からも、リベラリズムの観点からも評価を得られるとは考えにくい。だがここで、アンティゴネは「自由を自ら放棄した」かというと、やはりそうはいえまい。確かにアンティゴネの行為を、肯定的であれ否定的であれ、「自由」という言葉で特徴づけることは無理があるし、カテゴリー・ミスを犯しているという批判をも呼び起こすだろう。だが、共同体の掟というものを超えたもっと深い、もっと本質的な、人間が従うべき掟があるという考えは、それほど奇異なものでもない。だから、テーバイの市民たちは、アンティゴネに深く同情した(とソフォクレスは書いている)のであった。

それを、「アンティゴネはただ家族が大事だと思っただけで、妹は国家が大事だと思っただけだ。それぞれが自ら異なった価値を自由に選択しただけだ」とすませるわけにはいかないのである。本当の選択というものは、何を「義」とするかという選択であり、これは、それぞれの立場でなすべき「義」を自らに課すことなのである。

価値の問題の根底にある「義」

だが、これはギリシャ神話だけの話ではない。われわれはもっと身近にこの種の悲劇を持っている。いうまでもなく忠臣蔵だ。忠臣蔵においても、葛藤を生み出しているものは、二つの掟の間の矛盾であった。主君への忠義と国の命令に服することである。どちらが本当の「忠」であるかは容易には断ずることはできない。幕府や荻生徂徠《おぎゅうそらい》にとっては、藩主に対する忠義は本来の忠義ではない。幕府という国家秩序への忠こそが本来の忠であった。だから、荻生徂徠は、赤穂浪士の討ち入りは「不義」として、これを非難した。だが、赤穂の浪士にとっては、ただ藩主への忠義を尽くすことだけが問題ではなかった。幕府の裁き自体が正義に背くものであった。だから、彼らはいっそう高次の「義」に訴えるべきだと考えたのであった。そして、この「義」をなおざりにしなかったことに対して、人々は赤穂浪士の側につき、彼らを「義士」と称したのである。

こうして「義」につくということは、リベラリズム的な自由な選択の問題ではない。価値とは、常に、この種の深い葛藤をはらんでいるものである。もちろん、われわれの日常生活の中で、われわれはたえず「義」につくかどうかなどという事態に直面しているわけではない。だが、価値の問題の根底に常に「義」という観念がある。そこでは、「善」という観念さえ相対化されてしまう。そのことを前提にしておかなければ、「価値の自由な選択」などというまやかしに足をすくわれてしまうのである。

第5章　リベラリズムの語られない前提

1　市場競争をめぐる四つの立場

一九九〇年代アメリカで出てきた議論

現代のリベラリズムの基本的な柱は、先に述べたように、（1）価値についての主観主義、（2）中立的な国家、（3）自発的な交換、である。とりわけ（1）価値の主観性（相対性）と（2）中立的国家の観念はきわめて重要だ。

さてリベラリズムの軸になるものは以上のことだとしても、決してリベラリズムは一枚岩ではない。それどころか、自らを「自由の擁護者」とみなすいくつかの異なったタイプの主張が存在する。

アメリカでは、いわゆる「共同体論」と「リベラリズム」の対立がしばしば論じられるが、リベラリズムの中にもいくつかの考え方がある。そして、そのことがむしろ現代における「自由」の観念の多義性と不透明性を示してもいる。

ここでは、広い意味でのリベラリズムの文脈における「自由」の観念の多義性を論じ、さらにそれらを通底するものがあるとすれば、それは何であるかを論じてみたい。言い換えれば、リベラリズム論の、通常は言及されない前提をあぶりだしてみたいと思う。

まず、議論の手がかりとして、一九八〇年代から九〇年代にかけてのアメリカにおける経済をめぐるいくつかのタイプの議論を取り出してみよう。

八〇年代から九〇年代にかけて、アメリカではレーガノミックスに影響された市場競争化の流れが作り出されていった。そして、九〇年代後半にはクリントン政権のもとで、情報化、金融化を推しすすめることによりかってない長期的な好景気を迎えることとなった。

しかしまた同時に所得格差は開き、たとえば、同じ第三次産業のサーヴィス業に従事するといっても、IT部門の経営者と同じ会社の一般従業員の間には時として四百倍もの所得格差が開いた。経営者には、通常の報酬以外にも、ストックオプションと呼ばれる自社株の保有権利が与えられ、自社株が上昇すれば経営者には多額の収入が入ることになったのである。

さて、こうした状態に対して、それを擁護するにせよ、批判するにせよ、市場経済についてのいくつかの議論のタイプが考えられよう。そこでここに(A)から(D)までの四人の論客に登場してもらうこととしよう。

(A)　市場は共通の透明なルールのもとで人々が競争する場である。この共通のルールのもとで人々が自己利益を最大化しようとするのは当然のことで、したがって、いかなる結果になろうとそれは受け入れるべきである。たとえ報酬格差が四百倍に開こうと、受け入れないという理由はない。

これは、自由な市場競争についてのまずは典型的な立場であって、徹底した市場的自由主義者の言い分といってよかろう。それは、市場を形式上の機会の均等さえ満たされればよしとする競争ゲームとみなす。そこで、この立場を「市場中心主義」と呼んでおこう。

（B）　競争が意味を持つのは、その人の能力や努力に対して報酬が与えられるからである。市場競争でも同じことだ。市場競争が擁護されるのは、あくまでそれが個人の労働や能力によって生み出される成果に対して報酬を与えるからである。

とすれば、たとえば、ある者が親から莫大な遺産を受け継いで、友人の投資家からアドヴァイスを得てその通りに資金を運用した。するとさらに莫大なお金がころがりこんできたとしよう。こうしたケースは、決して個人の能力や努力がそこに反映されているわけではないので、これは本来の市場競争とは違っている。それがいくら市場の結果であっても、この種の不労所得はやはり修正されるべきである。たとえば株式取引や為替取引から得られた投機的利益に対しては税をかけ、ある種の取引（たとえば空売りなどの投機目的の取引）は禁止すべきである。

この考えは、あくまで市場競争が望ましいのは、個人の能力やら努力が報われるからだという、古典的な、たとえばプロテスタント風の倫理精神や、ロックのような財産保有と労働に基づいた市場の擁護である。そこで、この立場をここでは端的に「能力主義」と呼んでおこう。この場合の能力は、努力をも含めた広い意味である。努力もまたある意味で能力のうちだからだ。

(C)　市場競争はどうしても勝者と敗者をもたらす。敗者は貧困に陥ったり失業したりするのであり、勝者とはまったく異なった惨めな人生を送ることになる。これはあまりにリスクが高すぎる。市場競争がその人の人生のすべてを決めてしまうというのはいささか酷なことだ。市場における敗者とは、たまたま市場経済の中でうまくいかなかっただけで、そのことが彼の人格や生活のすべてを左右するのはよくない。そこで、弱者に対しては福祉給付や所得再分配などによって補償すべきである。競争の敗者といえども、そこそこ幸福な人生を送る権利は持っているはずだからである。

これは比較的古典的な立場で、「福祉主義」と呼べるだろう。市場経済そのものを否定するわけではないが、競争が結果としてもたらす不平等を政府が是正すべきであるという。

(D)　確かに、市場競争は勝者と敗者を生み出す。だが、その不平等も多くの場合は、ある種の人々が構造的に不利な立場に置かれていることから生じる。たとえば、黒人であること、女性であること、ある種のハンディキャップを背負っていること、こうした条件はそもそもスタートラインが違っている。市場競争とはいっても、初期条件において人々は違った立場に置かれてしまっている。

彼らを救済するために、事後的に福祉給付を与えるのは適切ではない。なぜなら、福祉は、第一に、彼らを敗者とみなすことで彼らの誇りを傷つけるし、また、彼らが本当は優れた能力を持っていても、その能力を引き出すことを封じてしまうからである。だから、重要なことは、福祉による救済ではなく、初期条件をできるだけ平等化してゆくことだ。特に、人種、性などによって不平等が構造化されている場合には、それなりの是正措置が必要となる。

また、ある種の身体的ハンディキャップを負っていたり、あるいは、生まれや環境の影響で適切な競争メカニズムに入らない者もいるだろう。たとえば、家庭環境のせいもあって労働意欲をほとんど持たず、金が入ればすぐにアルコールに化けてしまう者もいるだろう。こうした者には、ただ福祉給付を行うのではなく、自立支援のプログラムによって彼らを支え、その初期条件を持ち上げることが必要となる。こうして、初期条件をできるだけ平等化するために政府が積極的な役割を果たすべきである。

この典型が、アファーマティブアクション（雇用や教育の機会均等のための積極的優遇制度）、多様な優遇措置としての教育トレーニングや職業訓練、更生プログラムなどである。そこでこの立場を「是正主義」と呼んでおこう。

四つのリベラリズムの相違

おおよそこうした四つの立場が考えられよう。これらはすべて自由というものを基本に置いた概念であり、基本的には市場経済を擁護している。にもかかわらずその主張や力点はかなり違っている。

この四つの立場は、特に誰かの理論や主張を念頭に置いたものではないので、厳密な意味で特定の人物の名前を対応させるのは適切ではないが、おおよそ次のような人を想像してもらっても構わないだろう。

（A）の市場中心主義は、ミルトン・フリードマンやハイエクの主張と重なってくるし、

（B）の能力主義は、ロバート・ノージックを念頭においてもよい。もっともノージックは能力主義というよりも「財産資本主義」とでもいうべきで、むしろ（A）に近いかもしれない。（C）の福祉主義はいうまでもなくジョン・ロールズを想起させるだろうし、（D）の是正主義はロナルド・ドゥウォーキンやアマルティア・センを想起させるだろう。

このように並べてみると、彼らはそれぞれがリベラリズムを自称しており、こうして八〇年代から九〇年代にリベラリズムを唱えて活躍した人たちは、大体このどこかに属するといってよいだろう。

このうち、（A）（B）は、一般的にいえば、個人主義的な側面を濃厚に持った自由主義であり、特に（A）は、しばしば「リバータリアニズム（libertarianism）」と呼ばれる立場である。一方、（C）（D）は、どちらかといえば平等性に傾いた平等主義的な自由主義であり、狭い意味では、この立場を特にリベラリズムと呼ぶことが多い。

もっとも、政府の何らかの介入を説く（C）にしても（D）にしても、やはり基本はあくまで個人の幸福を増大する機会へアクセスする権利に置かれているので、この四つの立場はまずはすべて個人の自由を基本に据えている。議論の基調はあくまで個人主義にある。そのことの意味はまたすぐ後で論じよう。

さらにこの四つの立場のすべてが、ある種の「権利」のほうが「善」よりも優先されるべきだと考えている。たとえば（A）の立場は、あくまで市場ゲームに参加することに対して平等な権利が与えられるべきだとする。ここでは市場の競争ゲームへの参加の権利を与えるということこそが重要とみなされている。その結果がいかなるものであろうと、それは特に問題にはしない。

（B）の能力主義においても同じで、ここでは、その人の能力の帰結としての財産への権限が決定的に重要だと考えられている。能力と努力が権利を生み出すのであり、その財産をどのように使うかはさして重要ではない。

（C）では人間として最低限の生活をなすという権利が唱えられているのであり、その権利は福祉給付によって実現されるのであって、決して、彼の生に対する価値に依存するわけではない。彼がいかなる人生のプログラムを持っているかとは独立に福祉給付はなされるのである。

（D）についてはもはやいうまでもないだろう。これは、ハンディキャップを負った人たちやあるいは構造的に差別されている人たちにも、平等な機会へアクセスする権利が与えられるべきことを唱えているからである。

だから（C）（D）では、一見したところ政府の市場への介入が要請されるのだが、それでも決して社会全体の善が構想されているのではなく、その介入そのものが、個人の権利によって導出されている。権利を平等に与えるための介入なのである。

そして、この種の政府介入は、決して特定の「善の構想」に基づいたものではないという意味で、中立的国家観を前提としている。四つの立場は、どれも国家の存在を前提としているのだが、その国家はあくまでも価値に対して中立的といってよい。

(A)(B)はいわば最小国家観、夜警国家観であり、ここでは国家はある特定の価値を含まない。(C)(D)は、介入主義的な国家ではあるが、その介入とは基本的には個人の権利を保障するための平等化政策なのである。だから、このいずれにせよ、国家は、個人の生命、財産、自由などの基本的権利の保護を目的としているだけであり、それ以上のことを目指してはいない。その意味ではこれらはすべてリベラリズムのいう中立的国家とみなされることになる。

だが、本当にそうなのであろうか。ここでは、個人主義・主観主義と中立的国家だけが想定されているのだろうか。そのことはもう少し検討すべきことではなかろうか。

2 偶然性を排除して出てくる「個人」

能力だけで個人の報酬が決まる

その議論に入る前に、そもそもリベラリズムが想定している自由の主体としての個人とはいかなるものであろうか。このことを少し考えてみたい。

現代の自由を擁護する立場として四つをあげたが、この場合、（A）（B）（C）（D）を区別するものはいったい何なのであろうか。

（A）はいわば現にそこにいる経験的な個人を想定している。たとえば親からの遺産を受け継いでそこそこの財産を持ち、その財産をできるだけ大きくしようという利己心を膨らませている。そういう現実に存在している個人が自由に市場に参加する。こうしたことを想定している。

ところが（B）はそのことを批判する。この場合に（B）はいったい何を批判するかというと、市場競争の結果とは、実は能力と運によってもたらされるものだという。市場競争はゲームだとしても、このゲームは、ゲームを始めるにあたっての初期財産（親からの遺産）がいかほどかという与件によって左右されるし、事業を行うにも、親戚や知人に有力者がいれば人より有利に事業を進められるだろう。また、人生のめぐりあわせが、経済的な好況・不況とどのように重なるかによっても事業の結果は変わってくる。これらはすべて偶然性によるのである。こうして、市場競争は、能力と運から成り立っている。

ハイエクは、市場を能力と運から成り立ったゲームとみなした。市場は、必ずしも人の能力をそのまま反映するものではなく、運という偶然性によって左右されることを認めたわけで、彼は、この能力と運によって成り立っている市場のゲームを「カタラクシー」と呼んだ。

（B）が批判するのはこの運という不確定な要素が所得の配分を決定する点である。自由競争はあくまで、個人の能力と努力に基づく評価を与えるものでなければならない。こういう信条がある。

こうして（B）は、運というものの介在は望ましくないと考える。たまたま莫大な遺産が手に入って、たまたま知り合いの投資ディーラーの情報によって株や為替でもうけるということは、彼の能力や努力に見合っていないという。こうした投機的な所得に対してはトービン税（アメリカの経済学者ジェームズ・トービンの考案した金融取引などにかける税）と呼ばれる税をかけるべきだと考える。

一言でいえば、ここで（B）は、運という偶然性を可能な限り排除すべきだといっている。個人を取り巻く状況の偶然性を排除すれば、その個人の本当の能力、個人の本来のメリットが姿を現してくる。それに対する報酬として所得が生み出されるということだ。

能力も排除した「透明な自己」

では（C）のような福祉型の市場経済論者はどうかというと、彼の言い分は次のようになるだろう。

能力というが、能力も半ば運ではないか。彼がたまたま優れた能力を持ったように生まれただけのことではないのか。しかも実際、人にはさまざまな能力がある。多様な能力のどれがどの場面で発揮されるかは、その社会状況によって決まってくる。足が速い者もいれば、演説がうまい者もいるし、計算の速い者もいる。こうした多様な能力のうちのどの能力が多く報われるかは、その状況によって決まってくる。いくら足が速くともニューヨークのマンハッタンではほとんど役に立たない。だから、能力主義というけれども、能力が報酬に結び付くのはすべて運だともいえよう。

こうした議論はそれなりに説得力がある。能力と報酬の対応ということ自体が偶然性を含んでいるというのである。

とすれば、人は次のように考えるのではないか。すなわち、ある種の能力を持って生まれてくることが偶然だとすれば、自分がいかなる能力を持って生まれるかは本当はわからない。まして、それがどの程度社会的に評価を受けるかはまったくわからない。とすれば、人は、自分の能力が評価されないで、自分が最も惨めな状態に置かれることをできるだけ避けようとするだろう。

これはロールズの「無知のヴェール」と呼ばれる仮想的な状態である。ロールズは、その結果、人は、社会で最も惨めな立場に置かれる者に補償を与えることに合意するだろう、という。端的にいえば、弱者に対して福祉給付を与えるべきだということになる。

ここで注目しておきたいのは、この福祉主義を導いているものは、やはり、個人を組み立てている偶然性や社会的な恣意《しい》性をできるだけ排除してゆくということだ。

だが、もって生まれた能力さえも偶然だとすれば、最終的にいったい何が残るのだろうか。最終的に残るものは、抽象的で透明な人格としての主体だけである。

たとえば「あいつは優れた能力を持っている」という場合には、「あいつは」という主体があり、彼がある「能力」を所有している、といっている。つまりある種の「能力」は所有される対象となっている。能力は主体が所有する性質として理解されているのであって、そこには、個人の「属性」さえも所有する主体としての「人格」そのものが想定されているのである。

ロールズが想定する個人も、おおよそこういう意味での「人格」としての主体であって、それはいかなる属性からも切り離されたものといってよかろう。属性が意味を持つのは、常にある具体的な社会的状況においてであり、この社会的状況という文脈との適合性という「偶然」においてその意味を獲得する。

それに対して人格としての主体は社会的状況から切り離され、社会的状況から超然としている。いわば「超越的主体」といってよい。ここで、人格が定義されるレベルと属性が作用するレベルは違っている。属性が作用するレベルは経験のレベルであって、これは、その人固有の人格とはかかわりなく、経験世界、すなわち現実世界の論理によって動いてゆく。そこで生み出される結果は、人格のレベルからすれば偶然以外の何ものでもない。

一方、人格が属しているレベルはいわば超越的レベルであって、ここでは、人格は経験的な事情の生起する文脈の作用からは超越している。この経験を超越したという意味で、「人格」は普遍的な確かさを持っているとみなされるのである。

これはすぐわかるように、カントを参照した考え方だといってよい。カントは、この人格を理性を持った人格、ひいては理性そのものに置き換えているが、いずれにせよ、理性的存在としての人間は、現実の経験的世界を超越しているという。そして、個人が理性的存在として人格を持つレベルにおいては、人間はものごとを、現実の経験に縛られずに理性をもって捉え、判断することができる。だからこそ、この超越の領域は自由な領域であるとカントはいう。ロールズもこのカントの立場を踏襲するのである。

さらに、ここからロールズは、次のように考える。経験的な属性は基本的に社会的状況において評価される。したがってこの評価は偶然的なものだ。だから偶然的に決まるものは個人の人格から切り離して別にプールすべきである。それを彼は「共有資産」といった。要するに、人間の能力とは共有資産であるということである。

足が速い、計算能力がある、財産があるといったことは、本当は偶然による恩恵であって「たまたま起きた」ことに過ぎない。だからそういう偶然性の帰結は本来は共有財産に返すべきだということになる。所得の再分配という政策的帰結はその中から出てくるものなのである。ここでは、個人の属性が偶然の産物であり、本来は共有財産だとされているから、逆に人格としての抽象的な個人というものがそこで定義されることになる。

こう解釈すれば、福祉主義的市場擁護の立場は、(B)の能力主義的市場主義をさらに徹底したものだといえよう。自由主義の基本的な考え方は個人主義であるが、ここでは、個人はさまざまな偶然的属性をすべて剝ぎ取られ、「人格」という名の抽象的個人へと還元されている。

抽象的個人とは、通常の個人主義が想定している経験的で具体的な個人ではない。具体的に個人が置かれてしまっているあらゆる状況、場面、そういうものから超越し、自分が生まれつき持っている能力からも切り離されて定義された個人のことである。

それをマイケル・サンデルは「負荷なき自己(unencumbered self)」と呼んだ。「透明な個人」「透明な自己」と言い換えてもよいだろう。この自己は、いかなる価値も、いかなる財産も、いかなる特定の与えられた能力も、いかなる属性も負荷されていない。そういう自己だ。こうして、徹底して偶然性を排除しようとすると、そこから出てくるものは「負荷なき自己」という抽象的個人となってしまうのである。

偶然性の落差を調整する

次に（D）の是正主義についていえば、この考え方は、方向は少し違うものの、基本的なアイデアは（C）と同様といってよいだろう。（C）の福祉主義のバリエーションといってもよいかもしれない。

それは次のように考える。まず、個人の能力は多様である。ただ、その多様な能力は多くの場合、社会的に条件づけられている。その結果、ある種の能力は、ある社会において は有効に発揮され、結果として高い報酬を得ることができる。だから、その多様な能力を適切に発揮できるような条件を、政府が積極的に作り出し、諸個人を支援すべきだという。

たとえば、ハンディキャップを持った人は、そのハンディキャップを是正して、潜在的な能力を発揮できるような支援システムによって補助されるべきだということになる。

また、ある社会環境上の価値観や地域・家族のおかげで、アルコールに溺れてしまっている人がいる。徹底した個人主義的リベラリズムからすれば、これもまた個人の選択の結果としての「自己責任」ということになろうが、是正主義からすれば、それは純粋に彼の責任とはいえない。アルコール依存は、個人の自由な選択というより、家族環境、生活上の環境という偶然性によって左右されるのが通例である。とすれば、彼を「更生」させて、もう一度、市場競争や市民的生活を可能とするような、矯正支援プログラムを政府が提供すべきだということになろう。

今日、人は、多かれ少なかれ、市場競争の世界の中で生計を立て、人生の計画を作ってゆかなければならない。そして、その世界で、人は他人からの評価を受ける。とすれば、その人その人の状況に応じて、その人が市場経済の舞台へできるだけ平等な条件のもとで登場できるよう、さまざまな形で公的機関が支援するべきなのだ。この、人々の所得、能力、嗜好などを含めて、市場経済に参入するための基本的に平等な能力を、センは「ケイパビリティー」と呼んでいるが、ここで述べていることもそれに近い。

その人その人の偶然性からくる不利な条件を是正することは、おおよそ、センのいう「ケイパビリティー」を高めるということに対応している。その人が本来、潜在的にであれ持っている能力を発揮する可能性を平等に作り出していくということだ。

ドウウォーキンが支持する「アファーマティブアクション」は、そのもっともわかりやすい例であろう。黒人であるとか白人であるとか、男であるとか女であるとか、人はいずれそうした偶然の自然的属性を持って生まれてくる。そして、本人にとってはそのまったく偶然の属性が不平等を生み出すとすれば、それは当然是正されるべきである。ただ、福祉によって事後的に補償されるのではなく、この人が本来持っている能力を発揮できるように、その人の置かれた不利な立場を、法や行政によって事前に是正すべきである。

ここでもやはり、個人が持っている偶然性をいかに排除するかが問題となっていることに注意していただきたい。その意味では、福祉主義を基礎づけるロールズなどと同様の発想に立っているが、そこから帰結を引き出す方向が違っているといってもよいだろう。福祉主義の根拠は、社会環境の違いだけではなく、能力の差異さえも、抽象的な意味での個人から切り離されるべきだとする。偶然の属性はすべて個人から切り離してしまい、最後に残った「負荷なき」人格性を個人として定義することになる。

是正主義の場合には、個人が持って生まれた属性という偶然性による初期条件の違いをできる限り是正して平等化しようとする。偶然性がもたらす条件の落差をできるだけ縮小するように補整するわけだ。

「確かな個人」が持つ「権利」

さて、このように見ると、(A)から(D)までのリベラリズムの議論の中で焦点になっていることは何であろうか。少なくともそのひとつは、個人を定義する場合の偶然性をいかにして克服するかということだ。偶然性を克服すれば、純粋な個人が現れ出る。そして、その個人によって作られた対等の世界が構想できるというわけだ。とりわけ(C)と(D)は、個人から偶然性を限りなく取り払えば、平等な世界が出現すると考える。こうして、徹底した個人主義と徹底した平等主義がひとつに結びあわされるのである。

そこで、さしあたり次のようにいってよいだろう。

現代のリベラリズムの中心的テーマのひとつは、運や生まれといった偶然性をどのように処理するのか、という問題に向けられている。なぜなら、リベラリズムが前提とする「主体としての個人」とは、本来、いっさいの偶然性から逃れた、純粋で確固とした個人でなければならないからである。

このような確固とした個人でなければ、そもそも自由への権利など要求できないだろうからである。

言い換えれば、こうして取り出された個人の主体性を「権利」という言葉で表現したわけである。生まれや環境などの偶然性にかかわらず、個人というものは、本来、確固とした人格として尊重されるべきものである。この考えを具体化しようとすれば、個人からすべての偶然性を排除していかなければならない。そこに「確かな個人」が出現するとみなしたのであった。そうしてはじめて、「確かな個人」に、生命・財産・自由に対する平等な権利を与えられるという主張がそれなりの正当性を持ったわけである。

3 「値する」ということ

その人の成功に「値する」とは

ところが、この（A）（B）（C）（D）の対立をこうした偶然性の処理とは少し別の形で見ることができる。そして、この対立の背後にあって、それらに共通するものを取り出してみよう。

（B）の能力主義者が（A）の市場中心主義者を批判するのは次の点である。たとえば、（A）は、たまたま遺産が入ってきた、株のインサイダー情報を持った知人がいる、政治家や財界人にコネクションがある、といった、本人の属性に無関係な偶然性によって社会的ポジションが左右されすぎると考えたわけである。

（B）は、そういうものは不正であると考える。不正とまではいわないにしても、ある人が社会的に成功し、富を得ている理由としては不適切だと考える。これは少し言い換えれば、（B）は（A）に対して次のようにいうのと同じことであろう。「（A）のような立場の者は、たとえ社会的に成功しても、彼は、それだけの経済的報酬にも社会的評価にも値しない」と。

これを逆の側からいえば、「能力のある者や努力をした者が、それに応じた報酬を得るとき、彼はそれに値する」といってよい。

ここで重要なことは、この議論が「……に値する」という観念によって組み立てられているということだ。しかも、その観念は決して表面には出ず、あくまで隠されている。

その意味では、（A）もきわめて緩やかな形で、「値する」という観念を含んでいるともいえよう。最初から財産を持ち、よい家柄の出身で、有力者とコネクションがあるといった具体的な個人は、そのバックグラウンドや偶然性を含めて、経済的成功や高い社会的ポジションに「値する」とみなされている。

しかし（B）はそうではないわけで、（B）にとっては、その人に「値する」ものは、その人の能力に対応するものでなければならない。

福祉主義者は主体と属性を区別する

（C）の福祉主義においては、事態は一見、反対に見える。というのも、福祉主義者は、「能力といえども生まれによる偶然的なものだから、能力のある者が高い報酬に値するというのはおかしい」というからである。

ロールズは「いかなる人間といえども彼の真価、属性には値しない」という。これはどういうことかというと、能力主義者においては、彼の持っている能力こそが彼の「真価＝本当の価値」だという。しかし、この意味での、「真価」にアプリオリに「値する」人間など存在しない、という。

たとえば、コンピュータのソフトに関する類いまれな能力を持った者がいたとしよう。彼はこのＩＴ革命の時代のアメリカではきわめて有能で貴重な人材となる。当然、高い報酬を得られるだろう。

だが、考えてみれば、彼のプログラム能力も偶然彼が授かったものであり、ＩＴ革命時代のアメリカに生まれたことなど偶然の産物以外の何ものでもない。とすれば、この偶然性を差し引けば、彼は、彼の「真価（merit）」とされる彼の能力に必ずしも値しない、ということになろう。

この意味で、福祉主義者は、彼の「真価＝本当の能力（メリット）」という観念を否定する。どんなに優れた能力を持っていたとしても、その能力に値するといえる者は誰もいないということになる。

これは、主体というものと属性というものを区別した結果から当然帰結することだ。人格的主体は抽象的レベルでは皆が対等である。能力の高い者もいれば低い者もいる。しかし能力の差異は偶然だから、いかに高い報酬を得ても、人格としての個人という観点からすれば、誰も決してその高い能力という属性に値することはあり得ない。

だから同時に、能力の低い者が、この市場競争の世界で失敗し、ゲームの敗者となったとしても、それは、彼の人格からすれば、彼が置かれるべき境遇だとする理由はない。いかなるものも、彼が貧窮者であるという状態は、彼の人格にふさわしくない。「ふさわしくない」とは「値する、ということはない」と言い換えてもよかろう。

ここで注目すべきことは、福祉主義者は、ある人の「真価＝本当の価値」などという観念は存在しない、といっているにもかかわらず、結局、偶然性を除いてゆくと、彼は、それだけの報酬に「値しない」と考えているのである。

ロールズは「いかなる人間も彼の真価、本当の価値というものには値しない」という。否定的な形ではあるが、やはりここでも「値する／値しない」という概念が使われている。人間の真の能力（メリット）というものは存在しない。その意味では、その人に本来的に帰属するような真価（メリット）は存在しない。だが、ある人が、彼の「真価（メリット）」に値しない、といったときにも、ここに「値するもの／値しないもの」という観念が出てくることが重要なのである。

そして「値する（deserve）」とは「値するもの（desert）」を想定している。「値するもの」とは、言い換えれば「真価（desert）」というほかない。「能力＝真価（メリット）」とはまた「値する価値＝真価（desert）」なのである。

こうして、福祉主義者もどこかに「値するもの」＝「真価（desert）」の観念を忍び込ませているといってよかろう。ロールズの場合にも、否定的な形で、すなわち「値しない」ということによって、「値する（deserve）」という観念が暗黙裡に問題とされている。

もっとわかりやすくいえば、「能力がある者が多額の報酬を受け取ってリッチな生活をするとしても、本当は（人格的個人としていえば）、彼はそれに値しない。逆に、能力のない者が貧しい生活に甘んじているのは、彼が本当はそれに『値する』だけの取り扱いを受けていないことを意味している」と福祉主義者は述べているわけだ。

(D) 是正主義についてはもはや説明するまでもなかろう。ここでは明らかに「人は……の取り扱いに値する」という考え方が前提となっている。黒人は白人と同じだけの取り扱いに値する、女性は男性と同じだけの取り扱いに値する……ということだ。彼らが、本来

「値する」だけの取り扱いを受けていないからこそ、是正措置が要求されるのである。

「値する」ものを決めるのは社会の価値観

このように見てみれば、(A) から (D) の間の対立にもかかわらず、それぞれなりに、個人は何に「値するか」をめぐって議論しているということがわかってくるだろう。「値する」という観念がこの四つの立場を通底しており、四つの対立は、「値する」という観念をめぐる対立といってよい。ここで、リベラリズム好みの「権利」という概念をはずして別の観点から見ると、われわれに見えてくるのは、「値する」ということの考え方の違いといってもよいのではなかろうか。

「値する」とは、あるものとあるものの間に「等価性」を設定することである。あるいはその間に「平衡」を設定するといってもよかろう。「つりあい」がとれているということだ。だが、「等価性を設定する」とか「平衡を設定する」といっても、それは誰が設定するのだろうか。この場合には、あらかじめ決まった二つのものがあって、それが等価かどうかを測定するわけではない。「つりあいをとる」ためには評価の尺度が必要なのだが、それは最初から与えられているものではない。

では、「つりあい」をとるものは何か。

それは、社会の与える評価である。「値する」とは本質的に社会の与える評価であるほかない。「値する」という場合の尺度を決めるのは、その社会の価値観にほかならない。

これは、ある意味で、きわめてアリストテレス的な観念といってよかろう。アリストテレスは、つりあいをとること、平衡をとることを正義の重要な内容とみなした。AとBが何かを交換するとき、その交換比率はAとBの社会的なポジションや役割を反映して平衡をとるように設定されるべきだという。ただ、その具体的な等価性の内容は、その社会の評価体系によってその時々で決まってくる。こうして、つりあいのとり方はおのおのが属するポリスの価値観と不可分である。

ここで述べた四つの立場についても、その背後にある「値する」という観念は、具体的な社会状況を離れて客観的に定義できるわけでもないし、また、逆に、あるものが、「自分はかくかくしかじかに値する」と主観的に自称できるものでもない。何をもって「値する」とみなすかは、その社会共同体の価値観と不可分なのである。だからこそ、上の四つの立場は、それぞれがリベラリズムを自認しながらも、四つの異なった等価性の観念を持ち出すことができたのである。

もっと端的にいえば、それぞれの立場には、それぞれの等価性の観念がある。ということは、それぞれの社会の生き方のモデルがここに想定されているということではなかろうか。なぜなら、「……に値する」とは、ある生き方やそれに基づいた行為を社会がどのように評価するかという共同化された価値を抜きには語れないからである。

四つのリベラリズムが考える社会的価値観

このことはもっと具体的に論じたほうがよいだろう。

たとえば（A）の市場中心主義者にとっては、正当な報酬に「値する」とは、市場というゲームに参加してこれに勝つことにほかならない。だから、ここではある種の社会が想定されていることになる。ここで想定されている社会とは、自分の能力や運に基づくありとあらゆる機会を総動員して、市場のゲームに参加して勝つことをよしとする社会だ。競争に勝つという生き方を中軸的な価値とする社会なのである。

かつて自由主義者の経済学者フランク・ナイトは、市場経済の倫理とは、ルールに従った公正な競争をして、負ければ潔く人生の敗北を認めることだ、という趣旨のことを述べたが、まさにこれが、市場中心主義によって想定されている社会モデルである。市場というゲームに勝つこと、そのことが社会的敬意を与える。ともかくも勝利することにこそ意義があって、そのゆえに人からの賞賛に値するという価値観なのである。

（B）の能力主義の場合には、ただ勝利することではなく、競争における勝利によって示される能力こそが賞賛される。そこに決定的な価値を見出す。だから、たとえばここでは、そもそも財産のある裕福な家柄に生まれついた者が市場ゲームの勝者であるよりも、むしろ、財産を持たない貧しい生まれながら、才能と努力によって一財産築いた成功物語のほうがはるかに好まれる。ほとんど彼の人格と等置されるような彼の能力と努力こそが社会的評価に値するわけだ。

ここでは能力はその人間の卓越性を示している。その意味で卓越性を示すことが社会的評価の基準になっている。このモデルの古典的典型は、たとえばベンジャミン・フランクリンのように、寸暇を惜しんで働き、創意工夫を行い、その結果として事業に成功して富豪になることである。情報をうまく操作して一瞬のうちに大金持ちになるよりも、長年にわたって汗水たらして富を築くという労働の倫理が美徳とされている。

いずれにせよ、ここでもまたある種の社会的価値観が想定されており、あるタイプの社会モデルが暗黙のうちに入り込んでいるといわねばならない。

(C)の福祉主義の場合には、次のようなモデルが想定されているといってよいだろう。人間は仮に能力があったとしても、その能力を発揮して、得られるだけのものを得て、それを自らのものとすることは決して望ましいことではあるまい。

考えてみれば、たまたま彼がある種の能力を授かっただけのことで、能力とは、本来、社会の共有財産、共通資産とみなすべきものである。だとすれば、それを社会に還元することにこそ意味がある。いってみれば、競争における勝者は、社会に対する奉仕・還元の義務を負っている。

福祉とは、奉仕という形での能力の社会への還元の別形態とみることができよう。個人が自分の能力を発揮して生産性を上げることは結構ではあるが、それはあくまで弱者の立場を救済するという社会的奉仕、社会的責任のもとでのみなされるべきことだ。ここではこう考えられている。

個人の自己利益の追求そのものではなく、経済活動の成果をある範囲では共有財産とみなして、社会でうまく配分していくことが本来の経済のあり方だということにもなる。ここでは経済成長を追求するよりも、多分に、福祉に力点を置くことが望ましいとみなされている。これはひとつの社会的価値にほかならない。

(D)の是正主義は、その基本において能力主義といってよいだろう。黒人も白人と同様の能力を持っており、女性も男性と同様の能力を持っている。多少ハンディキャップを持った者も、ある条件さえ整えれば、その能力を十分に発揮できる。このように、是正主義は、構造的に不利な立場に置かれた人々の条件を是正することで、彼らの持つ本来の能力を発揮できるようにしようとする。

ただこの場合、是正主義に基づく能力の発揮は、個人の活動の機会が増大して幸福が増す、といったことだけではなく、個人が社会的に承認されるという面を持っている。構造的な差別は、その人間の個人的な幸福の機会を奪うだけではなく、その人間の社会的な意味づけの不当な低さを生み出している。問題は、社会的承認を得ることなのである。

だから、ここでは、社会的な能力の発揮は、彼が意義ある存在として社会的に承認されることを意味している。能力の発揮は、彼が社会的に承認を得る重要な手続きとなっているのだ。それゆえ、貧しいからといって福祉給付に頼って生きるのでは十分な社会的承認を得ることができない。それはそもそも己の能力を発揮しようとしていないことになる。これでは、社会的な承認に基づく尊厳を得ることはできない。

するとここでもやはり、ある種の社会モデルが想定されていることがわかる。それは、自らの能力を発揮することで社会的に有意味な存在として承認を得ることが望ましいとみなされる社会である。同時に、そのためには、競争上、ハンディキャップを負った者には、その承認へ向けた支援が望ましいとする価値観が共有された社会である。

それぞれの「善についての構想」

このように考えてみると、明らかにこの四つのどれもが一種の道徳的価値を含んでいるといわざるを得ないだろう。ある社会では、競争のゲームに勝利することが賞賛される。ある社会では、能力と努力を発揮して自分の卓越性を示すことが賞賛される。ある社会では、活動の成果を社会的奉仕へと還元することが賞賛される。またある社会では、能力が社会的な承認へ結び付くようにハンディキャップを解消することがよしとされる。

こうしたことは、すべてある種の道徳的価値を含んでいるのである。言い換えれば、ここにはそれぞれ「善についての構想」が存在する。どのように活動することが望ましい（賞賛される）かについて社会的な了解が成り立っているのである。そこでは道徳的価値観に基づいた「善についての構想」がインプリシット（暗黙）に想定されており、その「善についての構想」に基づいて、それぞれに特有な「社会モデル」が暗黙のうちに想定されていることになる。

これは重要なことだ。なぜなら、もしそうだとすれば、リベラリズムが唱える「善」に対する「権利」の優位は必ずしも成り立たないからである。

自由に対する普遍的で根源的な「権利」の前提として、暗黙のうちにある種の「善」が共有されているのである。決して、無条件に「権利」が優位にあり、「権利」としての自由が、「善についての構想」から独立に存在するとはいえない。むしろ逆に「善」についてのある共有された考え方があって、それに従って具体的な自由の範囲や内容が決まってくる。つまり、「権利」としての自由が内実を伴って成立するには、「善についての構想」が存在し、それがある社会で共有されていなければならないのだ。

社会の価値観はあくまで集団による選択で決まる

考えてみれば、この四つの立場は、実際には相互に反発しあう。この四つをうまくミックスした社会などというものは基本的にはあり得ない。ある者は（A）で想定されている善の構想を選択し、ある者は（B）で想定される善の構想を是とし……、という多様な価値選択を可能とする社会などというものはあり得ない。

ひとつの社会を構成しようとすれば、この四つの原理のいずれかに基づくほかないであろう。（A）のような社会を構想するか、（B）で示される社会を構想するか、（C）なのか（D）なのか、これは、相反する価値の間の選択にほかならない。

ただ重要なことは、この選択は個人の嗜好に基づく選択ではなく、集団の選択だということだ。個人は、個人としてではなく、集団として選択し、場合によっては集団の決定に従属することになる。

このとき、個人はリベラリズムのいう「自由」を失わざるを得ない。なぜなら、この四つのタイプの社会の選択は、善についての構想の選択であり、善についての価値観を画一化することにほかならないからである。四つのタイプによって善についての考え方が違っており、想定されている生き方のモデルが違っているということである。だから、ひとつの社会がこれらの善に関する想定のうちのひとつを選ぶということは、ある意味で、生き方についての個人の選択の自由は排除されたことを意味している。

つまり、「善の構想」はあくまでひとつの社会共同体において存在するのであって、個人のレベルでの自由な選択においてではないのである。その四つを適切にミックスした社会を作って、個人がそれを好きに選択するなどという自由は存在しない。結局、ある社会に属するとは、四つの善のいずれかに基づいた社会に属することなのである。

むろん、論理的にいえば、四つのタイプの価値（善）によって構成された四つの社会があって、そのどれかの社会を自由に選択すればよいではないか、という反論はあり得る。「足による投票」と呼ばれるもので、最も自分の好みに合う社会に移住するというわけである。

しかし、現実にはそれは不可能だ。さらに、リベラリズムが「多様性」という観念によって主張していたことはこれとは異なっている。リベラリズムが肯定してきた多様なものの共存は、多様な価値観を持った個人の共存であった。ひとつの社会の中に多様な価値観が共存し得るということであった。

だが、ここでは、ひとつの社会はひとつの画一的な価値観によって統一されている。基本的な善の構想において、まったく異論のない共通価値を共有した者だけが集まってひとつの社会を作っていることになる。これはそもそもリベラリズムの想定とは大きく異なっているのである。

中立的国家という幻想

にもかかわらず、ひとつの社会は、たとえば（A）から（D）で示されるような特定の価値観を選択せざるを得ない。だが、リベラリズムの文脈の中で、この四つの善のいずれかが選ばれ、いかなる社会が選択されるかは決定不可能な問題となる。それは合理的には決定不可能である。

とすれば、いかなる社会が現に存在するかは、その社会の歴史的経緯、政治構造、国民的文化といったものに依存して決まってくるという以外にないのではなかろうか。

こうして「善についての構想」が社会によって違ってくる。そして、「自由」の内実はある社会の価値観によって異なる。たとえば自由の意味が（A）であるか（B）であるか、（C）なのか（D）なのかは、その社会の歴史的な背景、政治的価値観、文化的な価値とは不可分というべきであろう。

端的にいえば、「自由」は「善」に依存しているということである。そして「善」は歴史的文脈に依存する。ということは、リベラリズムの原則を構成する中立的国家という概念も実は成り立たないといわざるを得ない。

ここで、国家は、ある特定の善の構想を受け入れており、その特定の善の構想のもとで一見中立的に経済に対して作用するだけのことである。国家は、その中立性の装いの背後にある種の隠された善の構想を持っていることになる。

「負荷なき自己」もある特定の社会の産物

こう考えてみると、個人主義、「権利」の「善」に対する優位、それから、中立的国家といったリベラリズムの基本的な前提はどうもあやしくなってくるのではなかろうか。

リベラリズムの基本的な考え方は、個人を取り巻く偶然性をできるだけ排除し、純粋に「個人」そのものを抽出してゆくことであった。このレベルにおいて定義された個人は、何らの社会的な属性の刻印をも押されず、どのようなタイプの社会に属するか（それもまた偶然なのである）とは無関係に、アプリオリに想定できる、とみなされた。いっさいの価値を付与されない「負荷なき自己」であり、透明で抽象的な個人である。

このレベルで「個人」の純粋性を抽出すれば、この「根源的な個人」は、確かにすべてが対等で平等といえるであろう。これは、ホッブズの自然状態の言い換えのようなものである。そして、このいっさいの社会的「負荷」を背負っていない個人において「権利」が設定された。これが、リベラリズムの典型的な理論構造であった。

だが、それにもかかわらず、上の議論で明らかになったことは、このような抽象的で透明な個人、「負荷なき自己」さえも、実は、ひとつのある特定のタイプの社会(共同体)の産物だということである。つまり、たとえば福祉主義的なリベラリズムが妥当するのは、あくまで、それが妥当するような価値観をすべての人が受け入れている社会においてである、ということだ。

これは、当然といえば当然のことである。にもかかわらず、そのことを認識しておくことは決定的に重要である。もしも、純粋に抽出された個人などという普遍的なものが決してアプリオリにはあり得ないとすれば、個人の生まれによって付与されたさまざまな偶然性を剝ぎ取っていくという作業にも、さして大きな意味はない、ということになろう。

とすれば、われわれは、抽象的に抽出された理論的な個人ではなく、再び具体的な経験的個人へと戻る必要があるということにもなろう。ウィトゲンシュタインのように、カントと実証主義を捨てて、再び「ざらざらした大地」へと戻る必要がある。

確かに、能力、相続財産、性、人種、家柄、地域、そして国などは、個人にとって偶然の要素である。しかし、この偶然性も含めて具体的な個人は存在している。ある特定の社会、国家、家、性、人種などを属性として個人は生まれる。マイケル・サンデルは、それを「状況づけられた自己(situated self)」と呼んだが、これは経験的な見地からすれば当然のことで、人は、常にある状況の中で条件づけられている。ある状況の中で、教育や文化、メディアの影響にさらされながらある種の価値をいやおうなく負荷されている。

とすれば、「善」に対する「正義」もしくは「権利」の優位を簡単に唱えるわけにはいかない。リベラリズムの基本的な立場はあまりに脆弱《ぜいじゃく》なのである。

では、個人は、本質的に偶然であるような属性をすべてただ負荷されたままなのだろうか。ある生まれ、ある性、ある集団、こうしたものをただ無条件に受け入れている以外にないのだろうか。だがそうだとすれば、自由の意味はどこにあるのだろうか。こうした疑問が出てくるだろう。偶然の属性は個人の自由といかにかかわるのだろうか。

リベラリズムは、「個人の属性から偶然性を排除することが自由につながる」と述べる。私は、あえて、その逆のことを主張したい。私は、むしろ、「個人の属性としてある種の偶然性を引き受けることこそが自由につながる」と述べたい。ただ、その場合、それを「自由」という言葉で呼ぶことが適切かどうかはまた別の議論にはなるが。

そこで次の章ではそのことを論じてみよう。

第6章 「自由」と「義」

1　「自由」というニヒリズム

自由への倦怠

ここで、これまで述べてきたことを振り返っておこう。

本書の関心は、現代社会では「自由」は何よりも重要な価値とみなされているにもかかわらず、なぜ、それは生き生きとわれわれの心を捉えないのか、という点にあった。かつてエーリッヒ・フロムは、『自由からの逃走』という本を書いたが、その現代版は「自由への倦怠」とでもなろうか。「なぜ人々は自由に倦《う》んでいるのか」ということである。「自由」という言葉はほとんど自動的にその価値を増殖しており、われわれは誰もが「自由でなければならない」という強迫観念さえ持っている。しかし、それにもかかわらず、今日、「自由」の輪郭は確かではなく、そもそも「何のための自由か」ということも明瞭ではなくなっている。

それは逆にいうと、「自由」とは対立するはずの「規律」とか「道徳」という観念のほうも明瞭な輪郭を失っているということであろう。むろん、「規律」や「道徳」が「自由」と対立するというのは、「自由」についての浅薄な理解に過ぎない。そもそもこの両者を対立させて理解したことが間違いだったということは可能だ。それはその通りである。

しかし、「自由」が「拘束からの解放」を意味している限り、「規律」や「道徳」への抵抗をそのエネルギーにしてきたことは否定できない。さらにいえば「政治的抑圧」への抵抗がいかに「自由」に対して躍動的な意味を与えてきたかを少しでも考えてみればいい。こうなると、「自由の衰弱」とは、もはや命がけで抵抗すべき政治的抑圧も道徳的規範もわれわれの前からはなくなってしまった、ということだ。規律や道徳の輪郭がぼやけてくると、どうやら自由に対してもわれわれは生き生きとしたイメージを持てなくなるらしい。それが現代の状況のようである。

だから、現代社会において本当に問題とすべきなのは、自由よりも道徳や規律のほうだというべきかもしれない。どうして道徳規範をささえる根拠が失われてしまったのか。この問いは「自由の衰弱」と不即不離の関係にある。

現代の「自由」について論じる典型的な議論は「リベラリズム」の立場だ。リベラリズムは、近代的な自由から出発しながらも、「自由」についての議論の立て方を転換させた。リベラリズムでは、「自由」の中心的な問題は「拘束からの解放」や「抑圧に対する抵抗」ではなく、諸個人の多様性の中で彼らが等しく幸福を追求できる共通のルールを作ることだという。そのための平等な権利として自由が想定される。「多様性を保証するための平等な権利としての自由」が今日のリベラリズムの中心的な関心となった。

だが、それでも「自由への倦怠」は解消しないように見える。個人は多様な好みや価値を持っている。だから、今日の自由に向けられた課題はその多様性の平等な確保である。しかし、その意味での自由が、今日、人々に強く訴えかける何かを持っていると期待できるのだろうか。いやそれどころか、第1章から第5章で述べたように、この意味での現代の自由観念こそがさまざまな混乱を呼び起こしているとさえいえるのではなかろうか。

この章では、改めてその問題を論じてみたい。現代の自由の観念のもたらした帰結といってもよい。いったいここには何が欠けていたのだろうか。そして、自由をかけがえのない価値とみなすためには何が必要だったのだろうか。それを、第5章とは異なった形で、リベラリズムの議論が胚胎《はいたい》している隠された前提を明らかにすることで提示してみたい。

現代社会における価値の転倒

改めていうと、近代社会を構成している重要な価値として次の三つがあげられる。ひとつは「生命尊重主義」、あるいは「自己保存の原則」といってもよい。これは近代社会を支えている基本的な価値観の中心に置かれるものであって、何人《なんぴと》も自分の生命について基本的な権利を持っていることを、われわれは決して疑わない。

二つ目に、「抑圧からの解放」。この理想が近代人の心を揺さぶり、突き動かしてきたことはいうまでもなかろう。通常、近代的な意味で「自由に対する欲求」といえば、「抑圧からの自由」という原理をさす。

三つ目は「合理的な実証主義」だ。合理的な実証主義とは、人間はものごとを理性的能力に従って合理的に把握すべきだということであるが、その場合の合理性は、基本的に論理と事実の領域で保障されるべきだという。そして、この合理的実証主義は、その裏面として、実証的な検証にかからないものを主観的とみなし合理的根拠を持たないとする。

むろん、近代社会は、これらの価値観に対する批判を常に生み出してきた。ヘーゲル主義者やマルクス主義者は理想のためには人は死をも覚悟すべきと考えるし、近代的自由への反発も常に存在した。すでに述べたように、バーリンのいう「……への自由」がもたらす抑圧も近代の産物である。合理主義に対してはローマン主義や神秘主義、伝統主義が常に批判の矢を放ってきたし、保守主義も近代社会が生み出したものだ。にもかかわらず、近代的自由を軸に据えれば、これらの価値が近代社会の中軸にあったことは事実である。

そして、この三つの考え方から派生して、われわれが通常いうところの自由民主主義(リベラル・デモクラシー)や現代のリベラリズムも登場するのである。

たとえば生命尊重主義・自己保存の原則は、生命体としての個体という次元で平等性の原理を提供する。人間は生命というレベルでは完全に平等であるという。そこに、抑圧からの解放、「私の領域」の絶対性という観念が組み合わされてリベラル・デモクラシーの観念が出てくる。また、さらに実証主義的精神が付加されると、価値の相対主義や主観主義が唱えられ、現代のリベラリズムや中立的国家の理念が生み出される。これらが複合して広い意味で現代のリベラル・デモクラシーの考え方を形作っているといえよう。

さて、ここで確認しておきたいのは次のことだ。近代社会の中軸にある三つの価値は、それ自体は決して人間の活動の「目的」ではなくてあくまで「手段」なのである。生命至上主義や自己保存は、人が何らかの活動を遂行するための基本的条件である。

同様に、抑圧からの解放にしても、人が何かを実現する条件を与える。実証主義的な合理性も、それ自体が追求されるべき目的ではなく、真理なり真実なりに到達するための方策といってよい。こうして、近代社会の基本的な価値は、それ自体が人間活動の目的を指し示すものではなく、その手段・条件を与えるものとなっている。

これは、ここから出てくる自由や平等の観念についてもいえて、そもそもリベラル・デモクラシーとは、それ自体が人間の活動の目的なのではなくて、人間が何かを実現するための手段であり条件であることを確認しておこう。

言い換えれば、ここでは人間活動の目的そのものは議論の対象にはなっておらず、さらにいえば活動の目的は議論できないとされている。活動の目的は主観的であり相対的であるために、それについては論じることができない。そこで、客観的条件としての「自由」や「平等」に焦点が合わされ、それだけではなく、やがて「自由」や「平等」こそが最高価値とみなされることとなった。

　これは価値の転倒というほかない。なぜなら、本来、価値あるものは、人間の活動の「目的」であって、その条件や手段そのものではないからだ。むろん「目的」がよければ「手段」は問わず、といったことをいっているのではない。本来、「目的」は「手段」に先行するはずだということである。

　だが、ここでは、「目的」をもはや価値として論じることはできず、その結果、「目的」がいかなるものであれ、その「手段・条件」こそがもっとも価値あるものとみなされることになる。

　確かに、自由も平等も生命尊重も重要な価値には違いない。だが、それらが重要なのは、自由や平等を通して何か意義ある生活や活動が実現されるからであろう。この「意義ある活動」や「意義ある生活」といったとき、そこに「何か善いもの」という価値が本来は想定されていた。

　しかも、それは、ただその人の独我論的な主観というわけではない。活動の「意味」や「意義」は本質的に他者からの承認を必要とするものだからだ。この種の「何か善いもの」

という観念と切り離して、自由や平等、生命尊重などを無条件で最高価値とみなすわけにはいかない。

これは何も極端なことを述べているのではない。たとえば、「自由」をそれ自体で至高の価値として認めよう。だがそうすると、「悪」をなす自由も、自由という最高価値によって認めなければならなくなる。また、「平等」を至上の価値と認めよう。すると、いかなる差異や差別も放置できなくなる。これは差異の解消という名のもとに全体主義を生み出すことになろう。生命至上主義についても同様で、いっさいの生命の剝奪をまったく認めないとすれば、国防から安楽死、堕胎、死刑にいたる議論さえもはや無意味になってしまう。

どうしてこうなるのか。答えははっきりしている。自由にせよ、平等にせよ、生命尊重にせよ、それを具体的状況とは切り離して論じることはできないのである。無条件に自由そのものに価値があるのではなく、その自由によって何をなすかこそが重要なのだ。だから、たとえば自由という観念は、本来それによってわれわれが何をなすのかという活動の意味上の文脈においてしか論じることができないものなのである。それをあらかじめ至上の価値とするわけはいかないのだ。

自由にしろ、平等にしろ、生命尊重にしろ、人間がそれによって何かを実現していくための条件であって、その実現すべき「何か」こそが本当は価値あるものである。それに価値ありとすればこそ、その条件である自由や平等などにも重要な価値が与えられる。

「人それぞれ」というニヒリズムの世界

このように見てみると、今日、「自由」を至高のものとすればするほど、われわれは「自由に倦《う》む」ほかなくなる理由も明白であろう。

確かに「手段」や「条件」があってはじめて、人間は何か意味のある「目的」に向かって活動することができる。しかし、その目的についての確かな意味が見失われてしまうとすればどうなるのか。目的はすべて主観的で相対的でばらばらになってしまうとすればどうなるのか。

こうなると、人間の活動がひとつの共通の世界を構成することはできなくなってしまう。人々は、ある共通の世界の中で意味を持った活動をしているという感覚を持てなくなってしまうだろう。こうして、世界は目的もなければ統一も失ってしまう。目的も統一も失った世界はニヒリズムというほかない。

われわれはいま、こういう世界に住み始めている。そして、そのことにとまどいをおぼえている。たとえば、第1章でも述べた国際ボランティアはいったい何のための活動なのか。この活動にわれわれはどんな意味を与えるのか。答えは容易には出てこないのである。

だから、結局のところ、ボランティアはせいぜい個人の人生経験や体験というレベルでしか捉えられない。それは個人的な信条や個人的経験以上の何ものでもない。それは個人的体験であり自己満足にしか過ぎない。ボランティア活動をわれわれの「世界観」のなかに位置づけることができないのである。これはボランティア活動の貧困というより、今日、われわれはおよそ共有できる「世界観」をもはや持っていないためである。だから、イラクへのボランティアも個人で勝手にやったことだという以外にない。自己責任とはこの場合、意味を確定できないという現実を覆い隠す便利な口実となっている。

また、第4章で述べた援助交際についても同じことがいえるだろう。ここでも、この行為の「意味」を確定するための共有できる「世界観」をわれわれはもはや持っていない。「世界観」という言葉が大げさならば、「価値の体系」といってもよいし「意味解釈の体系」といってもよい。要するに、援助交際がいかなる「意味」を持つかに関するある程度共有された解釈の枠組みが崩壊してしまっている。少なくとも時代の表層においてはそうだ。われわれはこの問題について、「共通の世界観」を共有していないということにしている。だから、「幸福は人それぞれ」という主観主義に逃げ込む以外にない。ここにあるのはニヒリズムに陥った現代社会の姿であり、そのなかで自由や自己責任を唱えることは、一種のシニシズムに陥るほかない。

フリードリヒ・ニーチェはニヒリズムを定義して、活動の目的の崩壊、世界という統一の崩壊、そして真理という観念の崩壊、をあげているが、まさしく今日、目的・統一・真理が崩壊してしまった。世界に結び付けられて意味を与えられるべき目的が見失われてしまうと、目的がすりかえられてゆく。人はいずれまったく意味や価値の失われた世界に生きることはできないから、あるものが代理目的となり、代理の価値となる。リベラリズムは、結局、手段を目的化してしまったわけだ。

具体的な社会から超越した自由な個人像

世界にまとまった意味など存在しない。この世に究極の真理など存在しない。ゆるぎない価値の体系などというものは存在しない。こうなると、いかなる行動も確かな目的を失ってしまうだろう。少なくとも、社会的に確認されるような、もしくは究極的存在（たとえば「神」）によって評価されるような目的はなくなってしまう。

そこで、リベラリズムは、それに代わって、自由や民主主義そのものを目的と化してしまった。手段を目的化してしまったわけである。ニーチェがいうように、手段の目的化こそはニヒリズムの典型的な姿なのである。

ただついでに述べておくと、ニーチェのいうニヒリズムは、必ずしも否定的な意味のものではない。世界に統一も目的もなくなったと嘆息しているだけのものではない。もともと神や絶対の真理や統一された世界などというものは存在しないのである。神も真理も世界も人間が作り出したものに過ぎないとすれば、世界の統一も目的も人間の人為が生み出した仮構にすぎない。だから、もともと人間はニヒリズムの中で生きているはずなのである。こうニーチェはいう。したがって、ニヒリズムに陥ること自体は決して嘆かわしいことではない。

しかし、それならば、自由や平等を絶対的価値に祭り上げることもまた間違っている。もしも徹底した価値相対主義に立つならば、自由や平等、生命尊重という価値さえも相対化すべきだからである。自由や平等といった、本来は「手段」であるはずのものを最高価値へと持ち上げるのはもっとも悪質のニヒリズムといわねばならない。なぜなら、ニヒリズムの最悪の形態は、自らがニヒリズムの世界に生きていることを自覚せず、自らの正義の絶対性を信じて疑おうともしない独善にあるからだ。

とすれば、ニーチェの説に賛同するかどうかは別にして、なぜリベラル・デモクラシーがわれわれに訴えかけてこないのかという理由は明白であろう。

それは、自由にせよ、平等にせよ、本来、何か価値あることを生み出すための手段であり条件であったはずのものが、その目的を見失ってしまったために、それ自体が自己目的化してしまったからである。手段の目的化が生じたのである。活動の目的はといえば、結局、人それぞれの幸福というほかなく、そのことの意味や意義については誰も口を出すことはできないことになった。こうして、自由や平等の「主義化」がニヒリズムへとゆきついてしまった。これが近代的自由というものがたどった道行きである。

しかも、ロールズが考えたような自由な主体としての個人は、経験的で具体的な現実世界から超然としてしまっている。そうした超越的存在としての自己は、それなりに完結してしまっており、彼の行動の目的や意味を、具体的な状況や文脈とは無関係に定義できるとみなされている。そうすると、何をしても、それは彼の利益や欲望の所産か、あるいはカントのような義務の遂行にしかならない。いずれにせよ、これは社会とは接点を持たない個人の主観でしかなくなるのだ。

しかし、現実のわれわれは、世界というものから離れて超然と暮らしているわけではない。決して超越的主体などではない。われわれは世界の中に住み、世界の中のさまざまな出来事を一定のやり方で意味づけ、そのことから自分の行動の意義を引き出そうと試みている。こうした「状況づけられた自己」あるいは「文脈に依存した自己」こそがわれわれの姿である。現代のリベラリズムは、この自明のことをあまりに過小評価している。そのために、皮肉なことに、「自由」がもともと内蔵していたエネルギーさえも失いつつあるといってよかろう。

現代社会で「共同の善」を見出すことは可能か

現代の「自由」の置かれた位相を確認するためには、前にも述べた古代ギリシャのポリスにおける人間の活動の意味を思い起こしてみればよいだろう。たとえばアリストテレスは今日いうような「自由」という概念は使わない。ギリシャ人にとっての自由とは、基本的に奴隷ではないという身分的な意味を有したものであったからだ。市民は生存のための労働という「必然」から解放されていた。

しかし、だからといって市民は、今日、われわれが考える意味での「私の領域」において自由に幸福を追求できたわけではない。ギリシャ市民にとって自由が「公的自由」であったという意味は、自由の内実が常にポリスの公的活動と結び付いていたということである。自由は、あくまで市民身分という条件と不可分であった。それは「労働からの解放」という市民身分に特有の条件を意味しただけである。

アリストテレスにとってポリスがどうして重要だったかを思い起こしていただきたい。

彼にとっては、ポリスの活動によって何か善きものを実践するということこそが重要であった。ポリスは人々の共同の企てとして「共同の善」を実現する舞台であり装置であった。すべての活動は、ポリスの人々の目にさらされ、たえず評価を受けていた。ここに、ポリスの活動が基本的に公的であるとみなされた理由がある。公的な活動は人々の目の前に現され、賞賛されたり非難されたりする。

だからここにはおおよそ共有された価値の体系があった。この価値の体系により、人々の活動は相互に結び付けられ、意味を与えられた実践活動（プラクシス）となった。アリストテレスが「善き生活」とか「善い活動」などというとき、ここに現代の実証主義者のような事実と価値判断の区別があるわけではない。彼のいう「善い」は、「……しなければならない」という現実を示しているのではない。それはポリスにあって「善いとされている」ということを示している。「善い」は規範命題ではなく、事実命題を示している。

要するに、ポリス的生活は、「善い」もしくは「善くない」と思われているさまざまな活動がつながってできあがっていた。ここには現代のわれわれのように、「善い」は価値や規範を示し、価値や規範は客観的な検証にたえられないからそれは個人の主観であるほかない、などという議論は当初から成り立つ余地がなかった。「価値」はポリス的生活の中軸を占める「事実」なのであった。

こう考えると、アリストテレスにとっては、自由という概念は特に定義するにはあたらなかっただろう。それはポリスにおいて善と考えられていることの実践にほかならないからである。ここでは活動の「目的」と、自由(身分)という「手段」は決して別々に定義されていたのではない。また実際生活のなかで決して分離していたわけでもない。そしてこの実践には、勇気、礼節、正義、思慮といった「徳」が不可欠だった。こうして「自由」と想定される観念の実質は、市民の「徳」と深く結び付いていたわけである。これは現代のわれわれのいう「自由」とは大きく異なったものである。

アリストテレスが描くポリスにおける実践的活動は、われわれの社会のものとは大きく異なっている。われわれはそれを想起することはできる。だが、それをそのまま現代社会にあてはめるわけにはいかない。

しかしまた、現代社会における自由の衰弱が、現代に固有のニヒリズムと無関係ではないとすれば、われわれは、何らかの形でそれを克服することは可能なのだろうか。確かに、古代ギリシャのポリスのように「共同の善」を自明なものとして持ち出すことはできない。われわれの生きている社会はもはやポリスではない。

だが、それでも、何らかの意味での「共同の善」をどこかに設定しておかないと、われわれはどうしてもニヒリズムの深淵に引きずりこまれてゆくのではないだろうか。ではリベラリズムの議論を前提としながらもなおかつ「共同の善」を見出すことはできるのだろうか。

そして、実はそれは可能なのである。しかもリベラリズムの議論の中にすでにそれは埋め込まれているというべきなのである。そのことを次に考えてみたい。

2 「犠牲の状況」と「死者への責任」

「犠牲の状況」をリベラリストはどう論じるか

いま、ある船が難破し、十一人の人間が救命ボートで脱出しようとしている。しかし、このボートの定員は十名で、定員を超すと転覆する可能性が高い。十一人の中には、重要人物である外交官も含まれておれば、一方、護送途中の極悪の殺人犯もいるとしよう。そこで、いったいどうすればよいのだろうか。

リベラリストの回答は、誰か特定のひとりを選んで死ねというわけにはいかない、というものであろう。たとえばロールズは、彼の正義の第一の原理ですべての人は自由への平等な機会を奪われてはならないという。そしてこの原理こそが何よりも優先されるべきだと述べる。とすれば、このロールズ流のリベラリズムからすれば、誰かひとりを選んで彼を死なせるという選択はできまい。

ところで、リベラリズムの「個人の自由への権利を至高のものとする」という発想は、もともと功利主義批判として出てきたものであった。

功利主義は、たとえばベンサムの述べた「最大多数の最大幸福」の原理にみられるように、「最大多数の最大幸福」を実現するためには、ある種の犠牲はやむを得ないというだろう。もしもある人が犠牲になることによって、最大多数の最大幸福が実現されるなら、その犠牲は正当化されることになる。

したがって、功利主義からすると、ボートの状況を乗り切るのは簡単で、十一人があえてボートに乗って全員が死亡する(と予想される)よりは、最大多数の十人の幸福を実現するためにひとりは犠牲になるべきだということになる。しかもこの場合には、功利主義者であれば、護送途中の殺人犯に犠牲を強いるのが妥当だというだろう。幸福の総和が最大となる解としてはこれが一番妥当だろうからである。

リベラリズムは、しかし、まさにこのような発想を批判したのであった。功利主義では少数者が犠牲にされかねない。それでは少数派の権利が守れない。ここにリベラリズムの功利主義への批判があった。たとえ囚人といえど、一人の人格としては重要人物と何の相違もない、という。こうして少数派の権利を守るために、平等な権利の絶対性をリベラリズムは主張する。

したがって、犯罪者であろうと、極悪人であろうと、彼の権利も要人の権利もまったく同等でなければならない。こうして、リベラリズムの立場からすればこの状況は解決不能となるほかない。その結果、おそらくは最悪の帰結、全員が「平等に」死亡するという結果が導かれるであろう。

この状況をフランスの哲学者ジャン＝ピエール・デュピュイが「犠牲の状況」と呼んでいるが（『犠牲と羨望』米山親能他訳、法政大学出版局、二〇〇三年）、リベラリズムでは「犠牲の状況」において回答を出せなくなってしまうのである。言い換えれば、リベラリズムは、その論理が頓挫することを防ぐために「犠牲の状況」を排除しているのであって、あたかもその事態が存在しないかのように装っているということになる。

デュピュイは、「犠牲の状況」のような事態を排除してしまえば、実際上、功利主義とリベラリズムがするどく対立することはあり得ないと述べているのだが、そうだとすれば、まさに「犠牲の状況」をいかに論じるかは、リベラリズムの試金石になってくるであろう。

社会の成立には犠牲者が必然

では、この「犠牲の状況」は特殊例外的なものなのだろうか。確かに救命ボートの例はいささか異常な事態といえるかもしれない。むろんそれは象徴的な事例だ。だが、それは例外的事態なのだろうか。

決してそうではない。

たとえばアメリカは、九・一一テロの攻撃を受けて以来、アフガニスタンやらイラクに派兵してテロ組織やテロ支援政権との戦争に入った。アメリカからすれば、この戦争の基調になるものは、テロの脅威からアメリカを守るという一点である。すなわち、アメリカの自由や民主主義や市民生活を守るために、一部の兵士の犠牲を覚悟したということである。アメリカは、アメリカ国民という「全体」の安全確保のために、アフガンやイラクで死んでいく兵士を犠牲にしたわけだ。

また、本書の第1章でも述べたが、今日、世界の多くの国は、テロリストが人質を取った場合、原則として彼らの要求は呑まない、という方針を採っている。「人命は地球より重い」どころか、「国益は人命より重い」のである。

この場合にも、国家は、場合によっては人質を犠牲にするという決断を下している。国民の長期的な利益という「全体」のために、一部の人質は犠牲にするのである。

リベラリズムからすればこれらの犠牲さえも容認できないだろう。しかし、その結果として、もし仮にその国が一方的にテロリストのターゲットとなるとすればいったいどうするのか。リベラリズムは明確な回答を準備できない。

テロリストの攻撃という事態もいささか例外的事態といわれるかもしれない。だが、いうまでもなく議論の本質は、テロリストによって攻撃されるか否かにあるのではない。一つの国が成立し安全に維持されてゆくためには必ず何らかの犠牲を伴っているという点が議論のポイントなのだ。あらゆる社会はその社会の保持する価値や文化や誇りを維持しようとするものである。そしてそのためには、その社会に対する脅威から自らを防衛しなければならない。そしてそのためには「戦士」を犠牲とせざるを得ない。

「悔恨の共同体」と個々の責務

このような犠牲者を持たない社会はまず存在しないだろう。すると、ひとつの共同社会が成り立っているときには、「犠牲」が共同社会の目に見えない精神的紐帯《ちゅうたい》の支柱となっているといってもよい。ここで、ボートに乗り込んだ十名のような一種の運命共同体ができる。だがその運命共同体を「共同体」としてくくっているものは、自分たちが共通の何かを犠牲にしたという傷ついた意識であろう。

それゆえ、この運命共同体という意識は、別の見方をすれば、犠牲者に対する「負い目」によって生み出されている。「われわれ」の身を守るためにボートに乗らなかった者、乗せなかった者に対する「負い目」である。

かつて丸山真男は、戦後日本社会を「悔恨の共同体」と呼んだが、ここには、戦後日本は「あの戦争」という運命を共有し、その上に作り上げられた運命共同体だという意識がある。もっとも、丸山は、「悔恨の共同体」を誤った戦争を遂行したという後悔、懺悔《ざんげ》によって共同化された共同体と見ているのだろうが、私には、それはむしろ、心ならずも死を与えられた多数の兵士や市民という犠牲に対する悔恨の共同体といったほうが適切だと思われる。

だが、リベラリズムは犠牲の状況に対して目をつむる。それがあたかも存在しないかのように装う。したがって、当然ながら、運命共同体などという意識は毛頭出てくるはずはない。リベラリズムは、人々が不可避に共同体化されてしまうなどという考えを蒙昧《もうまい》として排除するからである。

だがその結果、リベラリズムの文脈においてもっとも議論の困難な論点は何かというと、「共同体の防衛」なのである。ひとつの共同社会が「共同体の防衛」を確保せざるを得ない、そしてそのことは不可避に犠牲を要求することになるという根本的な課題を、ほとんどのリベラリストは思考の枠の外に追いやった。個人の権利から出発すれば、共同社会の防衛という議論は容易には出てこないのである。

しかし、実際にはそうではない。あらゆる社会がある犠牲の上に成り立っている。われわれが、一人ひとりの多様性や差異性にもかかわらず「われわれ」と呼べるような共同性によって繋ぎ止められるとすれば、それは、ある者たちを犠牲にして「われわれ」が現に存在するという意識があるからに違いない。そしてそのことに対して、われわれは、自分たちが何らかの責務を負っていると感じるのである。

この責務は、第一義的には、犠牲者たちに対するものである。われわれはどうしても犠牲となった死者に対して責務を負う。だがそのことはほとんど論理的に次の責務へとわれわれを導くだろう。

そもそも、犠牲者たちは何のために犠牲となったのだろうか。それは共同体のためである。とすれば、第二義的には、われわれは、自らの共同体に対して責務を負わなければならないだろう。この場合、その責務は次のような倫理の構造を持つだろう。

「われわれ自身が、可能性としては犠牲者と等価でなければならないとすれば、われわれ自身が、常に可能性としては犠牲者であり得た。とすれば、生き残ったわれわれ一人ひとりが常に、共同体において犠牲者になり得る覚悟を持たなければならない」

これは何も強引な議論ではない。「犠牲の状況」から出発したときに、ほとんど必然的に導かれることであり、しごく当然の倫理的要請を述べただけのことだ。しかしこうして、責務とは、第一義には犠牲者へ向けられたもの、そして第二義的には、それから派生して、共同社会へ向けられたものとなるのである。

自らの偶然を引き受ける

さてここにもうひとつ重要な論点がある。それは次のことだ。

いま、私が「われわれ自身が、常に可能性としては犠牲者であり得た」と述べたことに注意していただきたい。実際、「私」も犠牲者であったかもしれないのである。ボートに乗れずひとり海に放り込まれて死んだ者は、まったく偶然に犠牲者となったわけである。たまたま海に放り込まれるひとりになるかボートで生き残るかは、まったく偶然でしかない。しかし、この偶然を引き受けなければ、そもそも共同体というものが存立し得ない。その意味で、「私」も犠牲者であり得たわけだ。

ロールズのようなリベラリズムは、個人の属性から偶然性を可能な限り排除していき、最後に残る確かな個人（人格）というレベルですべての者が平等に権利を持つ、という。しかし実は偶然性は結局排除できないのである。ここでたまたま犠牲になるか生き残るかという偶然性は決して排除できない。さらにいえば、ある時代にある特定の社会に生まれ落ちること自体が偶然だともいえるのであって、このレベルではわれわれは偶然性を決して排除できるものではない。

こうなると、問題は、偶然性を排除することではなく、偶然性をどのように引き受けるかというほかないであろう。自分がたまたま生き残っただけである、と知ることは、たまたま生き残ったという偶然性を自らの運命として引き受けるということだ。この時代にこの国に生まれるということは、まったくの偶然ではあるものの、だからこそ、その偶然を運命とみなして引き受けざるを得ない。そしてその「引き受け」以外に責務の倫理的基礎は考えにくい。

逆にいえば、「生」とはあらかじめ与えられた自明の事実ではなくて、それ自体が偶然の産物である。この偶然性の根底には、われわれの「生」に先行する死者たち・犠牲者たちが横たわっている。

とすれば、われわれは、われわれに与えられた現実の「生」において、死者たちへの負い目がある。その負い目があるが故に、生き残った者は死者に対して、ある責任を果たさなければならないという考えが出てくる。「死者への責任」という観念が出てくる。

この責任観念はリベラリズムのいう責任とは大きく異なっている。リベラリズムでいわれる責任の中心にあるのは、自己責任だ。自分自身に対する責任であって、その論理は「選択する主体は自分だから、選択した結果についても自分で責任を持つ」というわかりやすいものだ。自由な選択と自己責任は対の概念となっている。

だが、これはリベラリズムの欺瞞に過ぎない。「犠牲の状況」を根底に置けば、本当の意味での責任とは、まずは「死者への責任」とならざるを得ないからである。責任は、自分がたまたま犠牲にならずに生き残ったという偶然性を運命的なものとして引き受けることから発する。

この「死者への責任」は、先ほども述べたように「共同社会に対する責任」と言い換えることもできる。もっと具体的には「国に対する責任」ということもできよう。さらに「死者」によって作り出された共同体の意識とは、現在の自己と死者たちをつなぐという意味で、共同社会の歴史を引き受けることであり、それは歴史の中にある伝統や知恵や共通の経験を（苦い経験も含めて）引き継ぐというように言い換えることも可能であろう。

「死者」という概念を少し拡大して理解すれば、具体的な誰それではなく、共同体を共同体たらしめるような歴史、伝統、戦争の記録、社会的伝承、習慣といったものへの責任という観念が出てこざるを得ない。一言でいえば、「過去」に対してわれわれは責任を持たなければならない。好悪による選択という以前にわれわれは、「過去」の遺産相続人であるほかないからである。

死こそ自由の根本条件

さて、「生」は偶然だと述べたが、これと対比していえば「死」は必然である。「死」は間違いなく確実にやってくる。そして自らの「死」によって、人は、過去の死者たちと同じ世界へと回帰してゆく。偶然によって、「生」のカテゴリーへ置かれた「私」も、こうしてようやく犠牲者たちと同等になってゆく。そこではじめて「負い目」を清算し、責務を果たすことになる。とすれば、ここから次のような考えが出てきても不思議ではあるまい。

人間の生が死という必然へ向け一直線上を歩んでいるものだとすれば、彼の責務とは、死を常に覚悟した上で、自らに与えられた仕事を果たすことである、という考えである。「自らの与えられた仕事」が何かを見出すことは難しいし、それを安易に定義することもできない。しかし、それと関連して「責務」の観念が出てくることは間違いない。

この「責務」の意味を理解するために、ここでマルティン・ハイデガーの議論を参照してみたい。『存在と時間』の第二編である。第二編第七十四節の次の文章を引用してみよう。

ただ死への先駆だけが、すべての偶然的で「一時的な」可能性を駆逐するのです。死に対して展《ひら》けて在ることだけが、現存在に目標を率直に与え、実存を有限性に押しやるのです。……（そのことが）現存在を、その宿命の単純さへともたらすのです。それでもってわたしたちは、本来的な覚悟性のうちにひそんでいる現存在の根源的な生起を表示し、その生起において現存在は、死に対して自由であって、遺産として伝えられたけれども、それにもかかわらず選びだされた可能性において、彼自身に自己を伝えているのです。

（『存在と時間』下巻、桑木務訳、岩波文庫、一九六三年）

大変わかりづらい文章であり、何をもったいぶったという感がないわけではない。この引用だけでは何のことかわからないだろう。ただ、注意していただきたいのは、ここには、たとえば「死への先駆だけが偶然性を駆逐する」「そのことが現存在を宿命の単純さへともたらす」「現存在は死に対して自由で」といった表現が出てくることだ。

「現存在」とは現実にある人間存在という意味であるが、このあたりを私なりに砕いて解釈すれば、おおよそこうなるだろう。

「やがてくる死を前提にすることによってのみ、われわれはたまたまこのような世界に生きているという偶然性を克服することができる。死を思うことで、われわれは自分自身の目的を持ち、有限の生に意味を与えることができる。そのとき、われわれは自分の引き受けるべき宿命を知ることになる。その宿命を引き受けるという覚悟によって、われわれの本当のあり方を示すことができる。このことにおいて、現実のわれわれは、死を覚悟してはじめて本当に自由になるのであって、遺産として伝えられたようなもの、それを引き受けて、将来へ向けてなすべきことをなすべきである」

もっと砕いていえば、要するに、人間はただぼやっと日常生活の中で生き、日常的な経験の中でおしゃべりしたり、ちょっとした好奇心を満たしたりして、楽しいとか苦しいとかおもしろいといって生きている、そして、今日、われわれが「選択の自由」などといっているものの大部分は、マーケットで多様なものを買いこみ、ちょっとした好奇心や虚栄心を満たすという程度の話ではないか、こうした自由は、せいぜい日常生活の中の気休めにしか過ぎない、人間の自由は本当はそんなものではないであろう。

では、本当の自由はどこから出てくるかというと、これも私なりに述べるとおおよそ次のようになる。

「人間は死すべき有限の存在であって、その自己の死という根本的な事実を見据えて、死へ向かって自分を投げ出していく。このとき、人は、彼の本来のあり方を問い直そうとする。そこに本当の人間の自由がある。その死へ向かって、つまり将来を見据えてそれに向けて自己を投げ出すとき、人間はまた過去を宿命として受け取り、それを自らの現在に引き寄せる」

言い換えれば、人は過去を宿命として受け取り、その伝承されてきたものを使って、死に向かい合い、自分はいったい何をすればいいのかということを已《おの》れに問いかけ、それを選び取ることができる。そういう意味で、人間は死に向かって自由である。死こそが人間の自由の根本条件である、というわけだ。

だが、人はどうしてこういう「問いかけ」を自ら発することができるのか。ハイデガーは、人は、過去を背負い、他者と共同に存在している限り「責めあるもの」でしかないからだ、という。人は、決してひとりでそれこそ無条件に自由に生きているのではない。その限りで、人は何かによって生かされている、というほかない。われわれはその根底において、死者によって共同に存在する人々により生かされている。とすれば、人は、この「何か」に対して常に責任を負った存在でなければならない。

自分の宿命を自覚する

むろんこうしたことをわれわれは日常的に意識しているわけではない。しかし、そうであればこそ、この日常の生を疑い、どこか罪ある存在としての自己へと目を向けたくもなるのである。そうしなければわれわれは何か不安であり、虚しい。

この不安の中から「責めあるもの」としての自己の意味を問いかけるものを、ハイデガーは「良心の呼び声」と言うが、この「良心の呼び声」によって、われわれは、生の偶然性を本質的なものへ、つまり、宿命的なものへと転換できる。これはその人の決断である。それは多様な可能性の中からの選択というより「決断」というべきものである。それは、リベラリズムのいう「自由な選択」といったようなものでは決してない。

ハイデガーのいう死に対する先駆的覚悟やそこからくる決断、そして、それを宿命とみなし、さらにはその宿命をドイツ民族の本来性の回復、といったものに結び付けてゆく道筋（それをハイデガーは「運命」と呼んでいるが）は、これまでもナチスへの接近を思わせるという理由で批判もされ、ハイデガー理論の大きな汚点とされてきた。

しかし、ここではハイデガーの議論をそのまま受け入れる必要もないし、ナチスと結び付けて理解する必要もない。宿命や運命といういささか重たい概念を使用してはいるが、ここで私が述べていることは別にご大層なことではなく、民族主義を掲げることでもない。むしろ、われわれが常日頃考えていることを多少自覚的に言い直したといったほうがよいだろう。

死というものを前提にすれば、そこではじめて人間は、自分が本来やるべきものを取り戻そうと考えるだろう。その場合に、宿命と呼び得るような偶然性の引き受けを自ら自覚して、それを伝えられてきたものとして引き受けるということだ。

言い換えれば、私がいまこのように生きているのは、死者たち、犠牲者たちによって支えられているからである。私が犠牲者であったかもしれないとすれば、私がここで生きている期間は、死者たちの屍の上に立って、死へ向かって道を一歩一歩たどってゆくいわば猶予期間というほかない。偶然に与えられた特権的な猶予期間だ。そして特権には責務がつきものである。ハイデガーがいうのは、その特権的な猶予期間を、好きなことをして気ままに生きようというのではなく、自分がなすべき役割や使命を自らに課して、最終的に死へ向かって回帰してゆくべきだということだ。「自由」は好きなことを気ままになすことに存するのではなく、なすべき役割や使命を自らに課す点にある、というべきなのである。

宿命を自覚するとは、結局、猶予期間である自分の生に意味を与えるものはいったい何かを自問することだ。余計なもの、本質的ではないものを捨てていけばいったい何が残るのか。社会的な名誉や地位、さしておもしろくもない付き合い、会社の肩書き、また自己利益へのこだわり、我執、多少の金銭への愛着、こうしたものを捨てていって何が残るのか、とわれわれは自問する。そこで最終的に残ったものを自分の宿命として引き受ける。こうしたことは、ナチスへの接近とは何の関係もなく、われわれの経験で十分に理解できることであろう。ただ、その種の経験に棹《さお》さすなら、われわれはリベラリズムが高く掲げる個人の自由な選択や、自由への平等な権利、といった議論から大きく逸脱してゆくことになるだろう。

生の偶然性を宿命として引き受ける、というここでの発想からすれば、多様な「善」の間の自由な選択、という概念そのものがもはやあまり意味を持たない。

確かに、「生」の宿命的な選択も自由な選択には違いない。しかし、それは、人それぞれの幸福を自由に選択して追求するという議論とは何の関係もない。「死」へ向けた覚悟という次元の選択（決断）は、むしろ何を自分の義務として、それを共同体（死者）に対する責務として引き受けるかという選択である。そこにこそ本当の自由というものの意味がある。

3 「自由」の背後にある「義」というもの

生よりも大切なもの

だが、こうなると、本書の議論は通常いうところの「自由」からは大きく離れてしまっているのではなかろうか。確かにそうだ。そこで、ここでいう決断と選択を、私は、「自由」ではなくてむしろ「義」という言葉で呼びたくなってくる。「義」はもともと孔子や孟子らの儒教思想のなかで重要な役割を果たしてきた観念である。儒教においては「仁」と「義」が枢要の観念であったが、いまここで問題にしたのは「義」のほうだ。

「義」という概念は東洋思想固有のもので、それにぴったりと重なり合う英語はどうも存在しないようだ。「duty（義務）」といっても「justice（正義）」といっても少し違っている。「obligation（義務）」でもないし「rightness（正しさ）」でもない。

この違いは基本的には西欧思想と東洋思想が想定する世界観の相違からきている、と見てよかろう。概括的にいえば、西欧思想は、道徳や正義を論じる場合には、神（あるいは超越的理性）といった絶対的なものを前提としている。その絶対的な命法を受け入れるのは、個人の意思であり、意思にもとづく選択である。この意思にもとづく選択を行うという意味において、人間は自由なのである。言い換えれば、西欧思想が「自由」という観念を発見したのは、人間を意思によってある行動を遂行する存在と捉えたからである。

これに対して、東洋思想は、人間が意思を持ってある選択を行うとは考えない。それゆえ東洋思想には西欧に対応する意味での「自由」の観念は生まれなかった。また、超越的な絶対者を想定しないために、絶対に服する人間の責務という観念も出てこなかった。

それに代わる東洋の道徳は、もともと道徳性は人間のうちに潜在している、人は、経験を積み、己が何者であるかを知れば、道徳はおのずと湧き上がってくる、責務ということであれば、それはまた天の道を知ることであり、天命（自己の使命）を知ることでもある。

おおよそこのように考える。こうして、東洋には意思によって選び取られる責務という観念はもともと存在しないか、存在してもそれが世界観の中心におかれることはあまりない。

この世界観の違いが「義」という観念の理解を難しくしているのだが、「義」も、西欧の倫理観のように、絶対的な命令に服する責務とは少し異なっている。それは、天の道をこの現実のなかに実現するという責任であり、それは絶対的な命法ではなく、経験を積み成熟した君子のごく自然な心の持ちかたというべきものであろう。

フランスの哲学者で東洋思想の研究者であるフランソワ・ジュリアンは、『道徳を基礎づける』（中島隆博他訳、講談社現代新書、二〇〇二年）において、東西のそれぞれの道徳観を対比させて論じているが、その中で、両者の相違にもかかわらず、カントと孟子はある価値観を共有しているという。

それは、「両者ともに、生を犠牲にしても構わないほどに、何にも増して重要だと思われるものがあると、率直に述べている」点だ、とジュリアンはいう。カントはいう。「それと比較すれば、生はそのいっさいの魅力も含めてまったく無価値である」。また孟子はいう。「わたしは生も好きだし義も好きだ。もし両者がともに手に入らないのなら、私は生を捨てて義をとるだろう」と。

カントにとって何よりも重要なものは道徳的命法であった。孟子にとっては義であった。両者とも、それは生命よりも重要だという。カントは、この生命よりも大事なものは、人間が道徳的命法を「その本性の崇高さ」に従って果たすことであり、ここに人格の崇高さがあるとする。孟子は、もちろん、それほどまでのことはいわない。しかし、天へ結びつくことで義を果たすことは、やはり人格者であることと等価なのである。

ジュリアンは、カントと孟子というまったく違った土壌から育ったまったく違った道徳論者の間にさえこの一致点がある、という。それは、自分が義務を遂行するためには自分の命を投げ出しても構わない、という言い方に示されているような何かがある、ということだ。それをここでは「義」と呼んでおきたい。そして、それこそが実は「自由」を支えているのである。

地位と承認を求める闘争

さて、本書の第2章で現代の「自由論」の古典を書いたアイザイア・バーリンの「二つの自由」について論じた。そこで、本書のしめくくりに、もう一度バーリンの自由論に戻っておこう。

すでに述べたように、バーリンの二つの自由とは、「積極的自由」と「消極的自由」であり、「積極的自由」とは、また「……への自由」といわれるように、ある特定の理想や価値を積極的に政治的に実現してゆくところに自由があるとする。

一方、「消極的自由」とは、「……からの自由」と言うように、抑圧や強制という支配から逃れるところに自由があるとする。その上で、バーリンは、積極的自由の追求は、多くの場合、特定の理想や価値を振りかざした全体主義や抑圧体制に帰結しかねないとして、彼は、あくまで消極的自由を擁護すると述べたのだった。

しかし、バーリンは「自由論」のなかで、この二つとは異なったもうひとつの自由（らしきもの）がある、という。

それは、端的にいえば「地位と承認への渇望」である。これは何か理想の実現を目指しそこに自己実現を求めようという「積極的自由」でもないし、また、抑圧からの解放や強制からの脱却である「消極的自由」でもない。

それは、ある人でも、ある民族でも、ある国民でもよいが、彼らが、他者から正当な承認を与えられていない、十分な顧慮を得ていない、という不満に発する。人は、自分が十分な敬意を払われていないと感じるとき、また、そうした集団に属していると感じるとき、これを真の意味で自由ではない、と感じる。

そして、人は承認と尊厳を得るためにはいかなる危険も顧みないものである。承認と尊厳を得るためには人は平然と命を投げ出すこともある。たとえば、植民地支配におかれたある国が支配者から独立しようとする。そのための戦いは、まさに承認と尊厳を得る戦いというべきであろう。独立のための戦いに自ら命を投げ出す者は、自由を渇望したとはいえないのだろうか。

幾分のためらいとともに、結局、バーリンは、承認や尊厳を求める戦いと「自由」そのものとを混同してはならない、という。この両者はあくまで区別されるべきものだという。

さもなければ、地位と承認を求める闘争は「自由」にとって深刻な結果をもたらしかねないからだ。どうしてかというと、地位と承認を求める戦いは、何か他の目的のために、個人的自由を犠牲にしようとするからである。

実際、これまで多くの者が、何か他のもののために個人的自由を犠牲にした。それは、地位、安全、繁栄、権力、徳、来世などのためであった。自らの死を辞さずに解放のために戦った者は、個人の生活への欲望のために戦ったわけではない。彼らは「自由」のために戦ったと述べることを常とした。だが、その結果、個人的自由が顧みられないとすれば、それは「自由」と呼ばれるべきではない、とバーリンはいう。

このバーリンの議論をどう考えればよいのだろうか。

自尊への欲望と自己犠牲の精神

バーリンは、祖国の名誉と独立のために命を犠牲にすることを「自由」と混同すべきではないという。だが明らかに、バーリンは、この「地位と承認を得るための戦い」に一定の言い分を感じている。いやそれに強く引きつけられてさえいる。

そして、自分たちが受けるべき顧慮や尊厳のための自己犠牲は、明らかに自由主義者たちの精神を動かしてきたものであった、干渉からの自由を強く訴えたジョン・スチュワート・ミルさえも、自分の人格を尊重されたいという欲望、自分たちの集団の尊厳を回復したいという欲望を「自由への欲望」として認めていた、とバーリンはいう。なぜなら、ここには、独立自尊への深い動因が潜んでおり、それこそが自由の根本的な意味だからである。

だが、ここから、何か優れた価値へ向けた自己犠牲という観念まではもう一歩であろう。自己、もしくは自分の属する集団の価値を尊重されたいという自立と自尊への欲望は、また、それを実現するために自己犠牲を喜んで引き受けるという精神とほぼ重なり合っているのである。この両者は別々のものではない。

こうして「誰への奉仕が完全な自由であるのか」(バーリン)という問いが出てくる。しばしば「神」が引き合いに出される。そして、それが世俗化されれば、国家や民族、家といったものが引用される。これは決して「消極的自由」ではない。しかし、そうだからといって「自由という語がまったく無意味なものとされてしまうわけでもない」とバーリンは述べる。

確かに、何かより高い価値のために自分を犠牲にするという態度は、そのままある特定の価値を絶対的な正義の位置に祭り上げてしまいがちである。そこから「積極的自由」の持つ危険へと転がり落ちることは十分に想像できる。だが、それでも、ある種の自己犠牲は、バーリンだけではなく、多くの人の心をとらえてはなさなかったのである。それはどうしてだろうか。

おそらく、そこに、われわれは「義」を感じ取ったからではなかろうか。自己犠牲や高い価値への奉仕そのものがただそれだけで高貴なわけではない。少なくとも私は、自己犠牲を無条件で賛美する気など毛頭ない。また、自尊や承認への要求そのものが人をひきつけるわけではない。

しかし、ある状況の中で、ある種の自己犠牲やある種の自尊・承認への奉仕がわれわれを強くひきつけることは確かである。そこにある「何か」に言葉を与えるとすれば、「義」というほかないのではなかろうか。「義」があるとき、自己犠牲や奉仕はわれわれをひきつけ、無視し得ないものとなる。「犠牲の状況」が重い意味を持つのはそのためである。

状況で具体化する「義」の姿

「義」は、決してあらかじめそれとして定義できるものではない。その点では「善」と同じだ。「善」に関して、第3章で見たように、ムーアは、それは定義不可能だが、誰もが何が「善」であるかは知っている、と述べた。同様に、「義」も定義不可能だが、ある状況におけるある文脈の中で何が「義」であるかについてはおおよその共通了解があるものだ。さもなければそもそも「義」とはいえないであろう。「義」とは、決して独りよがりの独善的な正義感や信仰によって定義されるものではなく、共同社会のそれなりの共通了解があってはじめて「義」となり得る。

だから、たとえば、アンティゴネは王の命令に逆らっても自らの兄を弔うことを「義」としたのであり、それを民衆は支持したのである。赤穂浪士の討ち入りもある種の「義」を持っていたがゆえに江戸の民衆に支持された。そしてこれらの「義」はともに「国」や「政府」の命令よりも上位にあるとされたのであった。

言い換えれば、われわれは自らの行為において、世俗的な主権としての「国家権力」を超えるためには、何らかの「義」を必要とするのである。

ただここで重要なことは、「義」というものは決してひとつでもなければ、一意的に決定されているものでもない、ということだ。

世俗の法や為政者の命令を超える何かが存在する。それをさしあたりは「義」と呼んでおいた。しかし、また世俗世界にあっては法や国家の方針に従わねばならない。これもまた「義」というならば「義」である。したがって、アンティゴネは自ら縊死《いし》したし、赤穂浪士も「自首」したわけである。われわれは「義」によって行動するが、また「義」によって引き裂かれる。「義」というものは、決してあらかじめ決められているものではなく、その社会のある特定の状況のなかで具体的な形をとるからだ。

多様な「義」を承認する

このことがもっと明確になるのは、たとえば宗教的な原理主義を想起したときである。ここでイスラム過激派のテロリズムを持ち出すことはあまり適切でないことはよくわかっているし、私は、決してテロリズムを擁護しようなどというものではない。

だが、イスラム過激派の九・一一テロが与えた衝撃の決定的な一撃があるとすれば、それは、自らの「大義」に殉ずる自己犠牲にあった。それに度肝を抜かれるか、それをおぞましいと感じるかは別として、ともにこの精神の作用に衝撃を受けたことは否定しがたい。

それは、近代社会の生命尊重、個人の自由、善の多様性や主観性の擁護などという、われわれにとって自明と思われていたリベラリズムの諸前提とあまりに衝撃的に衝突するものだった。もはや遠く過ぎ去った野蛮時代の遺物であり、あまりに異教的な精神に先導されたかに思われたこの種の自己犠牲が、まさにニューヨークのど真ん中に輝かしい朝日を受けながら再来したという衝撃がここにはあった。

イスラム過激派のテロを決して容認できないことはいうまでもない。彼らの「大義」があまりに独善的に過ぎることもまたいうまでもない。しかし、それならば、アメリカの側の「正義」もいささか独善的なのである。イラクへの攻撃によってアメリカはいわば「テロ国家」となった。しかも「自由」と「民主主義」の名のもとにである。「自由」と「民主主義」の普遍性を掲げる「正義」もまたいささか独善的といわざるを得ない。

この両者に共通しているのは、自らの「大義」を唯一のものと信じて疑わない独善性である。ある意味で、宗教的原理主義が独善的であることは当然だともいえよう。その意味では、本来は寛容と多元性をこそ擁護すべき「自由」と「民主主義」の独善性のほうがたちが悪いともいえよう。ここには偽善によって糊塗《こと》された欺瞞がある。

これは、「自由」を最高価値とみなした近代社会の「自由」が陥るディレンマといってもよい。異なるものへの寛容と多元性を糧として成立したはずの「自由」が、他者への不寛容と一元論へと収斂してゆくのだ。

このディレンマから逃れるには、この世界には多様な「義」があることを承認する以外にない。これは相対主義ではない。「義」こそが、人間の活動を深層で支えている決定的なものであることを承認するのである。その点では、「犠牲の状況」が明るみに出したように、リベラリズムでさえ、(自由を守るという)「義」のための自己犠牲を想定しているのだ。

確かに「義」のための自己犠牲という精神が今日でもまだ人々を動かしている。九・一一テロやそれに続くイスラム原理主義者の自爆テロは、いささか変則的にではあるが、この精神が（たとえ独善的な歪みを持っていたとしても）まだ、大きな衝撃力を持っていることを示していた。そして、この出来事がわれわれに与えた衝撃こそが、テロリズムとリベラリズムの両者を通底しているものが何かを示唆しているのである。

イスラム原理主義とアメリカのリベラリズムを真の意味で調停することは不可能である。だが、両者に共通するものがあるとすれば、それは、ともにもともとは自立と自尊への要求を持つというその原点においてである。そこから彼らの「大義」が導き出されたはずである。宗教的原理に至高の価値をおくか、自由や民主主義というういわば世俗宗教化された理念に至高の価値をおくかは別として、共にその価値において「義」を獲得するという精神を共有している。にもかかわらず自己の「義」のみの正当性を唱えたとき、そのいずれもが独善的で攻撃的なものとなる。

この両者の「大義」を調停するとすれば、それは、彼らが、それぞれのやり方で自らの「義」を大切にすることを相互に承認するしかなかろう。バーリンが述べた「多元性」こそが自由の基本だという認識も、私にはこの、それぞれの「義」の相互承認とそれに基づく自省について述べたものだと思われる。

そこで最後にまたバーリンを引用しておこう。

現代のある尊敬すべき著者は書いている、「自己の確信の正当性の相対的なものであることを自覚し、しかもひるむことなくその信念を表明すること、これこそが文明人を野蛮人から区別する点である。」これ以上のものを要求することは、おそらく人間の不治なる深い形而上学的要求というものであろう。しかしながら、この形而上学的要求に実践の指導をゆだねることは、同様に深い、そしてはるかに危険な、道徳的・政治的未成熟の一兆候なのである。

（『自由論』小川晃一他訳、みすず書房、一九七九年）

ここでバーリンが述べているのは、積極的自由がもたらす理想や自己実現という観念の恐るべき帰結についてであろう。だが、この言葉は、もっと広い文脈に妥当する。宗教的原理主義もそうだろう。だがいっそう重要なことは、「自由」を絶対化して、そこに「形而上学的要求」を求めることもまたこれにあてはまるのである。そして、それこそが、バーリンが彼の自由論において警鐘を鳴らそうとしたことではなかったろうか。

おわりに――「自由のパラドックス」を乗り越えるために

欲望自由主義の時代

本書で、私は現代の自由のいくつかの局面について論じてきた。そしてそこには、何度も繰り返すことになるが、次のような思いがあった。現代のわれわれのいう自由の観念は相当に混乱に陥っているのではないだろうか。これはまた、自由の観念そのものがもはやわれわれを強く引きつけ、行動へと駆り立てる力を失っているのではないか、と言い換えてもよい。

そして、それは、近代以降の自由の観念のありようと決して無関係ではないだろうという思いがあった。

本書ではいくつかのケースを引き合いに出した。イラクにおける人質の自己責任問題、アメリカのイラク攻撃の理由、アメリカにおける新自由主義の風潮と多文化主義、そして近年の日本社会を騒がした少年の殺人事件で提示された問題や援助交際での議論、こうした事例である。

これらは例示としては特に一貫性があるわけでもなく、思いつくままに並べたといってもよいのだが、そのいずれにおいても、その中心に「自由」という課題がある。しかもこの場合、「自由」の意味は、われわれが抑圧や圧制のなかでそれを渇望し、いかにしてそれを実現するかというものではなく、むしろその逆に、「自由」の現代的なありようが上のさまざまな問題を生み出してしまっているということであった。

今日、「自由」は、個人の自立（自己責任）、選択の自発性、諸個人の間における価値や好みの多様性、といった概念によって理解される。その背後には、リベラリズムが主張する、平等な権利としての自由、個人の幸福追求の主観性という観念がある。

それはそれで結構なことだ。私は、別にリベラリズムの「自由」の観念そのものを批判しようとしているわけではない。

しかし、その種の「自由」を至高の価値とし、その意味での「自由」を成り立たせている「何か」について不分明であるなら、それは誤ったイデオロギーとなるほかない。そして、その「何か」に対して目をつむったとき、個人の自立にせよ、選択の自由にせよ、諸個人の多様性にせよ、むしろそれは、混乱をもたらす原因ともなる。先にあげたさまざまな問題も、その意味では、現代の自由観念が生み出したとさえいえるのではなかろうか。

個人が多様なもののなかから「主体的」に選択するという現代の自由を、バーリンは「自由の重荷」といった。主体や選択や多様性は、ある限度を超えるとむしろ個人にとっては「重荷」になってしまう。

この言い方は、すでにいまから七十年ほど前、二つの大戦間に書かれたオルテガ・イ・ガセットの次のような言い方を思い起こさせる。

（今日）われわれはひとつの軌道を課せられるかわりに、いくつもの軌道を与えられ、したがって選択することを余儀なくされているのである。生きるとは、この世界においてわれわれが、かくあらんとする姿を自由に決定するよう、うむをいわさず強制されている自分を自覚することである。（前掲『大衆の反逆』ちくま学芸文庫）

オルテガは、われわれは、多様な価値の間で選択を余儀なくされている、つまり、自由へ向けて強制されている、と論じている。これが今日の自由のありようになってしまっている、というのだ。

また、フランスの哲学者コルネリウス・カストリアディスは、自由について次のように述べている。

現代資本主義の実際の社会・歴史的な現実の中では、それらの自由は、しだいに、個人的な《享楽》を最大限のものにする仕掛けの、単なる補助器具として機能しています。

そうした《享楽》こそ、個人主義の唯一の実質的な内容です（以下略）。
（『意味を見失った時代』江口幹訳、法政大学出版局、一九九九年）

そう、確かにわれわれは、いかに抽象論として理想的な自由の理念を語ったとしても、実際にわれわれの生きているこの現実の経済社会では、自由はせいぜいのところ、よりいっそうモノを買い込み、富を手にし、いっそうの快楽を手に入れるための口実に過ぎなくなりつつある。「享楽の最大化」こそが今日の自由の実際上の意味になりつつある、というカストリアディスの主張も決して見当はずれではない。

自由が、今日のように、個人の価値選択の主観性や多様性から出発して、選択の自由や自立的な幸福追求といった点へ収斂してくると、それを保障する制度は、たとえば市場経済や中立的国家、それに生存や財産に関する人間の基本的な権利の保障ということになる。かくして、われわれの眼の前に広がる、市場競争を基調としつつも福祉や財産保障などによって修正をほどこされた、広い意味での市場社会が自由な社会とみなされる。

ところが、その中で実際に生じていることは何かといえば、カストリアディスが述べたように、富であれ、消費物資であれ、刹那の快楽であれ、それぞれの「享楽」を最大限手に入れようといういわば「欲望自由主義」とでもいうべきものなのである。

そして、その「それぞれの」というところに「個人の主体性」があらわされている。追求する欲望の種類は人によって千差万別なのだから、可能な限り多様性を生み出し、多様なものの選択を可能とする市場システムこそが望ましいという理解が出てくる。

自由が自由を蝕む

しかし、ここで、われわれを支配している自由とは何であろうか。それは、市場価値という金銭的評価に委ねられた消費物資や富に自己を預け、自己満足の基準を市場の評価に依存した結果として得られる自由である。それはまた、市場の提供するメディアやメディア的装置にしたがって自分を著名人にしたり、著名人と近づくことで富を得るチャンスを拡大したりする自由といってもよかろう。そして、それはいかに「個人主義的」選択に基づくといっても、決して「自立」したものではあり得ない。本来の意味で、決して個人主義的でもないのである。

ここでいう自由とは、再びカストリアディスの言い方を借りれば、「現代の西欧では、自由な、至上の、自足的な個人というものは、社会・歴史的な領域が彼らに強制する動作をギクシャクとやっている操り人形以上のものではありません」ということになる。むろん、ここで、「社会・歴史的な領域」と彼がいっているのは、現代の市場経済（資本主義経済）のことである。

現代の市場経済のもとでは、自由な個人というものは、せいぜいギクシャクとした操り人形以上のものではない、とカストリアディスはいう。

確かに、リベラリストでなくとも、それは少々言い過ぎではないかと抗弁したくもなるであろう。そもそも、市場経済や中立的国家こそ、個人の自由と自立を守るために出現したのではないか。そうだとすれば、いったい、市場経済以外に、われわれが自らを委ねるいかなるシステムがあり得るのだろう。われわれは市場の「操り人形だ」というけれども、そもそも「操り人形」でないような社会があるのか、という抗弁である。

この抗弁は正しい。確かに、われわれはもはや、社会主義であれ、なんであれ、いかなる意味においても人間の自由が全面的に実現したユートピアなど思い描くことはできない。そんなものは無駄な空想だと知っている。だから、今日、自由の擁護は「消極的なもの」でしかあり得ない、ということにもなるのである。

しかし、その場合にもやはり、われわれは、次のようにいうことができるだろう。「いま、問題となっているのは、実際に、全面的自由が実現したユートピアがあるかどうかではなく、個人の主体的な自立や自由な選択という概念によって『自由』を論じることがそもそもできるのだろうか、ということだ」と。

リベラリストの抗弁が正しくて、自由のユートピアなど、もともとあり得ないのだとすれば、個人という主体性やその多様性、自由な選択という概念によって「自由」を論じることそのものが問題を含んでいた、ということになってしまうのではなかろうか。

そもそも、現代の個人の自由などというものは、せいぜい、先進国の市場経済というある特定の体制（システム）のもとでしか成立し得ないものではないのか。そうだとすれば、それは、市場や金銭的評価や富と結び付いた名声やメディアが生み出す有名性といった特有の現象に随伴してしか、あらわれ得ないのではないのだろうか。個人の自立などというものは最初からあり得ず、われわれが個人の自立した選択などといっていたものは、市場経済に依存した見せかけの自立にしか過ぎないのではないだろうか。

私には、この種の疑問はしごくもっともなもののように思われる。

だから、私がここで力説したいことは、このような議論そのものが、個人の主体性、その多様性、自由な選択といった現代の自由の観念によって生み出されたものだということなのである。個人の自立など市場経済体制（資本主義体制）のもとではあり得ないといってみても、その市場経済体制をここまで拡大してきたものは、個人の主体性、多様性、自由な選択という「自由」の観念なのである。

カストリアディスの非難は正当なものである。今日、個人主義といっても決して自立したものではあり得ない。また今日、自由な選択といってもせいぜい「享楽の最大化」ぐらいでしかない。

この批判をカストリアディスは、現代社会の状況に対して放っている。そして、こうした批判はまったく正しい。しかし、さらに重要なことは、このような状況そのものを生み出したのが、現代の「自由」の観念だったということなのだ。

だから、今日、「自由」の観念が大きな力を持ち得ないのは当然のことである。現代の「自由」が「自由」を蝕《むしば》んでいるといってもよいし、「自由」の領域をいささか矮小化してしまっている、といってもよい。ここに、現代の「自由のパラドックス」がある。

「個人の選択の自由」の背後にある「何か」

この「自由のパラドックス」の理由は明白だ。それは、繰り返すが、自由を、個人の主体性、主観性、多様性（相対性）といった観念で特徴づけているからである。本書では、このような現代的自由の定式化を、生命尊重主義、抑圧からの解放、実証的合理主義といった近代主義的な価値の帰結だと解釈した。そして、それらが生み出した現代の自由を端的に言い表せば、「個人の選択の自由」ということになる。何ものにも拘束されず、強制されず意思決定をすること、つまりある決定を選択すること、ここにこそ今日の自由の最大の意味がある。

そして、「自由のパラドックス」を生み出したものは、この定式化があまりに偏狭だからである。言い換えれば、この定式化は、「自由」という観念に実際上、意味を与えている条件、それを支えている条件に目を向けていないからである。

そこで、「自由」をめぐる考察はどうしても多層的とならざるを得ない。個人の平等な選択の自由という観念の背後に、もっと重要な「何か」があるのではないか。「自分の選択の結果に責任を持て」という以前にわれわれが責任を持たなければならない別の「何か」があるのではないだろうか。

たとえば、今日、「規範」と「自由」は対立するものと信じられている。規範は個人を縛るものであり、それは「拘束からの解放」という意味での自由には反するからである。だが、規範という拘束から逃れることが自由の重要な意味だとすれば、そもそも規範がどうして成り立っているのかを論じなければならない。規範が正当性を持たなくなれば、自由のほうも失速してしまうだろう。

だが、規範をただ外部から個人に対して押し付けられた強制だとみなすのはあまりにも偏狭すぎる。このような捉え方そのものが、すでに、規範と自由を対立させる現代の見方にあまりに傾きすぎているだろう。

では、規範を与えるものはいったい何なのか。そして、ある種の規範に対して、人々は、むしろ自らすすんで従おうとするのではなかろうか。

だとするならば、果たして自由と規範は対立するのだろうか。しかも規範は通常、ある程度共有された社会的価値を含んでいる。だからそこには、ある種の道徳的ニュアンスや正義という観念が忍び込んでくる。つまり、規範は価値を前提にしている。とすれば、価値を個人の主観的な好悪《こうお》に委ねてしまって「自由」から切り離してもよいのだろうか。ただちにこのような疑問が生じる。そして、この疑問ももっともなものだ。

共同社会の価値と超越的な「義」

私は、第5章と第6章において、この疑問に答えようとした。「自由」の背後にある「何か」、それを普通、われわれはもはや「自由」とは呼ばないで、むしろ、「自由」を拘束するものだとみなしている。にもかかわらず、「自由」と不可分の関係にあり、「自由」を支えている「何か」がある。それを本書においては二つの次元で考察した。

第一には、ある行動を「善」とみなし、ある行動を「善」とみなさない、共同体(社会)の評価がある。人は、自らの行為を他人からの是認を得て、他人の評価に「値する」ものとして自らに納得させる。こうして、いかなる個人の選択や自由な活動といえど、それが価値にかかわる限り、何らかの意味で、社会からの「是認」もしくはそれに「値する」という評価を受けるのである。

ここに、共同社会という観念が出てくる。ある程度共有された価値を持った共同社会がなければ、事実上、「自由な選択」などというものもあり得ない。いくら「自由な選択」、「価値の主観性」などといっても、そこには、一定の様式やルールやシステムが前提とされている。ということは、それを受け入れるという共通の価値があるレベルで共同化されているということにほかならない。

この場合の共同社会は、ある特定の地域コミュニティでもよいし、学校や企業といった中間的組織でもよいし、国家でもよい。ともかく、ある種の「善」が共有され、相互に評価しあうような共同社会が前提となっていなければならないのである。

しかし、もっと重要なものがある。それは、多様なレベルの共同体の規範を超えたいっそう超越的な規範への自発的な従属である。それを本書では「義」と呼んだ。いや「義」としかいいようのない「何か」がわれわれを動かしているということである。

定言命法といってもよいし、東洋思想のように天といっても、また道といってもよいだろう。儒教のように五倫といってもよいし、仏教のように六度といってもよい。それは、国家や共同体の他者からの評価や評判をも超えたものだ。もしも、戦時中の規範のように、「お国のために死ぬこと」が絶対的な意味を持つとするのなら、それは国家が絶対的な権力を有しているからではなく、「お国のために身をささげることが、ある状況では義にかなう」とされるからである。

ここで次のような声が聞こえてきそうだ。「義」などという古風で場違いな封建時代の遺物を持ち出すことは危険ではないのか。しかもそれを絶対化すると、再び、マックス・ウェーバーの述べた「神々の争い」へとわれわれを連れ戻してしまうのではないのか。確かにその通りである。「義」を持ち出すことはむろん危険なのである。

たとえば、イスラム過激派のテロリズムは彼らの「義」を持っているのではないのか。オウム真理教も彼らなりの「義」を持っていたのではないのか。彼らが独りよがりの「義」を唱えることがいかに危険かは明白ではないか。こういう批判が出てこよう。

この批判はすべてその通りだというほかない。実際、この批判に反論はできない。しかし、あえていえば、「義」とりわけ宗教的、超越的な「義」を持ち出したものに対しては、誰もそれを間違いだという抗弁はできないのである。

確かに多くの「義」は独りよがりの偏狭なものであろう。だが本当は、彼らの「義」があまりに独断的で不都合なものであったか否かは、実際には、歴史の中でしかわからないものなのである。歴史だけが審判者であり、歴史だけがそれをふるいにかけてゆく。われわれができることは、われわれの「義」によって、それと対抗することだけである。

イスラム過激派のテロリズムを本当の意味で断罪することはできない。ただ、われわれはそれに対して、別のルールによって対抗するだけのことである。オウム真理教についても同じである。それが絶対的に「誤っている」と言うことは難しい。それが「えせ宗教」だと言うことはできるが、そもそも宗教自体が一種の共同幻想であり、ある意味では「えせもの」なのである。だが、オウムは、市民社会のルールによっては裁かれる。そして、われわれができるのはそれだけのことだ。

だが、その場合には、われわれは「市民社会のルール」と称するものには「義」があるとみなしている。だから、その「義」によって、オウムを裁いて当然だと思っている。それは、市民社会において、それなりに現世的な幸福を追求するものは現世のルールに従うことが「義」だと考えるからである。

しかし、それでは、「市民社会のルール」とされるものが絶対的に正義であるのか、自由や民主主義や人間の基本的権利は絶対的な正義なのか、と問えば決してそうはいえない。それは、「われわれの社会」の正義に過ぎない。それも「われわれ」が共通に信じ込んでいる世俗的宗教のようなものである。「われわれ」もまた、ひとつの共同幻想を後生大事に高く掲げているだけなのである。

「自由」を多層的に論じる視点

そして、このような認識だけが、私には、「義」の衝突という危険をかろうじて回避させるものだと思われる。この自己相対化、この反省的な自己理解だけが、他者と共通の地平で価値の多元性を容認する方向へ道を開くであろう。

もしも、「われわれ」を支えている価値が、いずれ、「われわれ」がそれを信じ込んでいるものに過ぎないとすれば、われわれにできることは、この「信じる」という行為においてあるバランスをとることでしかないであろう。自己相対化は、自己の信条が盲目的に暴走することをかろうじて押さえようとする。

「われわれ」は、宗教であれ、自由・民主主義であれ、神話であれ、科学であれ、国家であれ、「天」であれ、何かを信じなければならない。それも共同で信じなければならない。さもなければ行動に社会的な意味を与える価値の基準がなくなってしまうからである。とすれば、問題は、いかにそれらを信じるか、にこそある。そして重要なことは、あまりに軽々と信念の対象を変えてゆく「軽信」でもなく、また、逆にひとつの信条を深く絶対化して顧みない「盲信」でもなく、その中庸に道を求め、その両極端を避けることである。「中道」とは足して二で割ることではない。たとえば仏教でいう「中道」とは、正しい道に中《あた》ることにほかならない。「信じること」のバランスをとるとは、「信じる」ことのこの両極端を排することによって、適切に「信じる」ことだ。ポストモダン的なシニシズムでもなく、超俗的なファンダメンタリズムでもなく、そのバランスをとること、そこにこそ適切な「信じること」がある。このバランスこそはアリストテレスが「徳」のもっとも中心的な意味と考えたものであった。

結局、「自由」にかかわるテーマは、その多層性において論じなければならない。これが本書で述べたかったことだ。現代のわれわれは、つい自由を「個人の選択の自由」として理解してしまう。しかし、その背後には二つの次元がある。ひとつは「社会の是認」もしくは、「他者からの評価」であり、もうひとつは「義にかなう」という次元である。少なくとも、「自由」の観念は、この三つの層の重なりにおいて論じなければならないと思う。

私は「自由」という概念の文字的な意味を「社会的な是認」や「義」にまで拡張しようとは思わない。「自由」はさしあたりは、「個人の選択の自由」でよい。しかし、その背後にあるものを見なければ、とても「自由」を理解したことにはならないと思う。そして、この背後にあるものもあえて排除しようとした点にこそ、現代の自由の混迷があるといわざるを得ないのである。

あとがき

数年前から「自由とは何か」というテーマで、私なりに考えるところを書いてみたいと思っていた。そして、本書の企画も数年前にさかのぼる。数年たってようやく編集者との約束を果たしただけではなく、私自身に対する「自己責任」を果たしたわけだ。

「自由」について書くべきことはたくさんある。また論じるための視角もいくつかある。それらの多様な「自由論」の中にあって、本書は、せいぜい、「自由」というテーマにかかわりを持つほんのひとつの視点を示しただけのことであろう。だが、私にはこれ以外に書きようもない。

そもそも「自由」という問題に関心を持たざるを得なかったのは、私がその中で生きているこの時代にあって、目の前で展開されているさまざまな光景に対して、あまりに違和感や不気味な感じを持たざるを得なかったからである（そのいくつかは本書で取り上げた）。そして、それらの問題の中心にはいずれも「自由」という文字が大きく描かれていたからだ。

「自由」は社会科学の永遠のテーマである。いうまでもなく、それと対になった「規範」のほうもそうである。そして、今日、その「自由」をほとんど専売特許のように取り扱っているのはいわゆる「リベラリズム」といわれる立場である。

私は、別にリベラリズムに反対するつもりもないのだが、どこか違和感を感じてきた。そして、ここでは何か大事なことが抜け落ちているという気分を払拭《ふっしょく》できなかった。リベラリズムの専売ではない形で「自由」を論じることができるはずだ、という可能性がずっと気がかりであった。

本書で、私は、こうした私自身の疑問に対して自問自答しながら、いったい、私が物足りなく思っていたものが何であったのか、それを論じてみようとした。あらかじめ明瞭に割り切った立場も結論もあるわけでもないので、一直線に目的地へ直行するというものではない。ただ論述は可能な限り、平易にしようと試みた。それは本書で関心を持つ「自由」の問題は、必ずしも政治学や社会哲学の専門家を対象としたものではないからである。現代社会の殺伐たる情景や虚ろな心象風景に関心を持つできるだけ多くの人に読んでいただきたいと思う。

ここで論じたことは暫定的な考えだというほかない。できれば、本書で、うねうねとあぜ道を歩くかのように論じたことを、もう少し体系的に論じたいとも思うけれど、それにはまだ少し時間が必要なようだ。

本書は、私が勤務する京都大学のいくつかの講義において、あれこれと考えながらしゃべったことをもとにしている。こんな講義を聴かされた学生は迷惑だったかもしれないが、一冊の本にするにあたって、少しはわかりやすくまとまったものにしたはずだから、その努力に免じてお許し願いたい。少なくとも、本書は、現代のもっとも重要な問題のひとつを扱っているはずである。そして、最後になったが、適切なタイミングを見計っては私の前に姿を現わし、けっしてあわてることなく督促をし、そしてともかくも本書の出版にまでこぎつけてくださった講談社現代新書の田中浩史さんの丁重な作業に感謝したい。

平成十六年十月

佐伯啓思

N.D.C.311　286p　18cm
ISBN4-06-149749-9

講談社現代新書　1749

自由《じゆう》とは何《なに》か　「自己責任論《じこせきにんろん》」から「理由《りゆう》なき殺人《さつじん》」まで

二〇〇四年一一月二〇日第一刷発行　二〇二五年一〇月二日第一五刷発行

著　者　佐伯啓思《さえきけいし》　

発行者　篠木和久

発行所　株式会社講談社
東京都文京区音羽二丁目一二―二一　郵便番号一一二―八〇〇一

電　話　〇三―五三九五―三五二一　編集（現代新書）
〇三―五三九五―五八一七　販売
〇三―五三九五―三六一五　業務

装幀者　中島英樹

印刷所　株式会社ＫＰＳプロダクツ

製本所　株式会社ＫＰＳプロダクツ

定価はカバーに表示してあります　Printed in Japan

「講談社現代新書」の刊行にあたって

教養は万人が身をもって養い創造すべきものであって、一部の専門家の占有物として、ただ一方的に人々の手もとに配布され伝達されうるものではありません。

しかし、不幸にしてわが国の現状では、教養の重要な養いとなるべき書物は、ほとんど講壇からの天下りや単なる解説に終始し、知識技術を真剣に希求する青少年・学生・一般民衆の根本的な疑問や興味は、けっして十分に答えられ、解きほぐされ、手引きされることがありません。万人の内奥から発した真正の教養への芽ばえが、こうして放置され、むなしく滅びさる運命にゆだねられているのです。

このことは、中・高校だけで教育をおわる人々の成長をはばんでいるだけでなく、大学に進んだり、インテリと目されたりする人々の精神力の健康さえもむしばみ、わが国の文化の実質をまことに脆弱なものにしています。単なる博識以上の根強い思索力・判断力、および確かな技術にささえられた教養を必要とする日本の将来にとって、これは真剣に憂慮されなければならない事態であるといわなければなりません。

わたしたちの「講談社現代新書」は、この事態の克服を意図して計画されたものです。これによってわたしたちは、講壇からの天下りでもなく、単なる解説書でもない、もっぱら万人の魂に生ずる初発的かつ根本的な問題をとらえ、掘り起こし、手引きし、しかも最新の知識への展望を万人に確立させる書物を、新しく世の中に送り出したいと念願しています。

わたしたちは、創業以来民衆を対象とする啓蒙の仕事に専心してきた講談社にとって、これこそもっともふさわしい課題であり、伝統ある出版社としての義務でもあると考えているのです。

一九六四年四月　野間省一